LA BUSQUEDA DE SIG

Robert S. McG

Traducido por Andrés Parra y Peter Bellingham

Capitulo 1

LA LUZ SE ENCIENDE

Examíname, oh Dios, y conoce mi corazón; Pruébame y conoce mis pensamientos; Y ve si hay en mí camino de perversidad, Y guíame en el camino eterno.

Salmos 139:23-24

David era un hombre apuesto y muy exitoso en sus negocios. Siempre era capaz de vivir su vida en sus propios términos. Para David ser fuerte significaba tener todo bajo control. El tenía su manera de controlar a su esposa e intimidar a sus hijos para impedir que fueran una molestia para él.

No era que no supiese cómo esto afectaba a su familia. No era que no fuese consciente de su aislamiento y de lo solo que realmente se encontraba. Simplemente concluía que esa era su manera de ser y que todo el mundo tenía que aguantarlo.

Pero ahora David lloraba como un niño pequeño. La vida lo llamó a cuentas. Su esposa, sus hijos y todo aquello por lo que había trabajado y se había esforzado tanto, se esfumaron. Ahora solo repetía una y otra vez, cómo todo sería distinto si tan solo tuviera otra oportunidad.

La realidad se convirtió en una luz en medio de su oscuridad y entendió que la peor parte de su mundo era él mismo. El no podía creer que hubiese estado tan equivocado durante tanto tiempo.

Posiblemente no nos encontremos en la situación de David y con todas las consecuencias que ésta trae. Sin embargo, si somos honestos con nosotros mismos, de un momento a otro, la luz se enciende en nuestra vida y nos sorprendemos (algunas veces nos avergonzamos) de lo que vemos.

No es que no sepamos que algunas cosas no están bien, simplemente no nos damos cuenta de lo destructivas que estas son, hasta que la luz se enciende.

Muchos de nosotros estamos heridos emocionalmente, relacionalmente y espiritualmente, pero porque no somos conscientes del grado de nuestras heridas, no tomamos los pasos precisos para su necesaria curación y sanación. Nuestro problema no es de torpeza, es de falta de objetividad. Por esta razón fallamos en ver la realidad del dolor, de las heridas y del enojo en nuestras vidas.

Una estudiante universitaria es considerada el "alma de la fiesta". Ella es inteligente, graciosa y sociable, pero cuando ella está sola, experimenta una profunda soledad y resentimiento.

Un hombre de negocios, quien cuando era niño, fue descuidado por su ambicioso padre, piensa: *"Si solo pudiera obtener un ascenso en mi trabajo, sería feliz. El éxito es lo que realmente cuenta en la vida"*. Obtiene muchos ascensos y aumentos en su trabajo porque él conduce bien su desempeño, pero la felicidad continua eludiéndolo.

Una madre ama de casa con tres niños, llena de dolor se pregunta: *"¿Por qué siento a mi esposo tan alejado?"*. Habiéndose criado con un padre alcohólico y una madre exigente, esta mujer nunca se siente con el derecho de ser amada y por esto no puede aceptar el amor de su esposo.

Un elocuente pastor habla lleno de poder acerca del amor y la gracia incondicionales de Dios, pero él mismo está acosado por sentimientos de culpa. Se siente compelido a alcanzar el éxito en su ministerio público, pero es pasivo y reservado con su familia. Nunca ha entendido como aplicar sus propios mensajes y enseñanzas a *su* vida y sus relaciones.

¿Por qué a algunos nos falta la objetividad? ¿Por qué no podemos ver la realidad de nuestras vidas? ¿Por qué tenemos miedo de "encender la luz"? Hay varias respuestas a estos interrogantes y estas varían dependiendo de cada persona. Quizás pensamos que nuestra situación es "normal", que sentir la soledad, el dolor y el enojo es realmente todo lo que hay en la vida. Tal vez queremos ser "buenos cristianos" y negamos la existencia de nuestras emociones porque creemos que los buenos cristianos no tienen problemas o sentimientos como los nuestros. Quizás nuestra perdida de objetividad ha sido aprendida desde nuestra niñez. Todos deseamos desesperadamente que nuestros padres nos demuestren amor y apoyo. Si no lo hacen (o no lo hicieron), podemos proteger nuestro concepto de ellos a través de culparnos a nosotros mismos por la falta de amor y negar que su conducta nos ha herido.

Todos desarrollamos complicados mecanismos de defensa para bloquear el dolor y conseguir significado. Suprimimos las emociones, somos perfeccionistas compulsivos, nos esforzamos por alcanzar éxito o nos damos por vencidos y nos hacemos pasivos. Atacamos a la gente que nos hace daño, nos castigamos a nosotros mismos cuando fallamos, tratamos de decir cosas inteligentes para ser aceptados, ayudamos a otras personas para ser apreciados y hacemos y decimos incontables cosas más.

Por lo general, un sentido de necesidad nos lleva a buscar alternativas. Tal vez tenemos el coraje para examinarnos a nosotros mismos y tal vez deseamos cambiar, pero quizás no tenemos la seguridad del cómo y por dónde empezar. Podemos rechazar el mirarnos honestamente por miedo a lo que podamos encontrar, o podemos tener miedo a que a pesar de encontrar lo que está mal, no podamos hacer nada para ayudarnos.

Es difícil, si es que no es imposible, encender la luz de la objetividad sin ayuda. Necesitamos la dirección del Espíritu Santo y usualmente la honestidad, el amor, y el aliento de al menos una persona que esté dispuesta a ayudarnos. Aun así, podemos sentirnos deprimidos cuando empecemos a descubrir los efectos de nuestras heridas. Algunos de nosotros tenemos profundas cicatrices emocionales y espirituales como resultado del descuido, el abuso y la manipulación que a menudo acompañan a una familia disfuncional (alcoholismo, abuso de drogas, divorcio, padre o madre ausente, ira, abuso físico o verbal, etc.); pero todos llevamos los efectos de nuestra propia naturaleza pecaminosa y las imperfecciones de otros. Ya sea que nuestros daños sean profundos o relativamente leves, es sabio tratarlos con franqueza en el contexto de relaciones que afirmen, de modo que la curación pueda comenzar.

Muchos erróneamente creemos que Dios no quiere que seamos honestos con lo que respecta a nuestras vidas. Pensamos que Dios estaría decepcionado con nosotros si le decimos como nos sentimos realmente. Pero la Biblia nos dice que Dios no quiere que seamos superficiales en nuestra relación con El, con otros o en nuestra propia vida. En las Escrituras encontramos que David escribió: "*He aquí, tú amas la verdad en lo íntimo, Y en lo secreto me has hecho comprender sabiduría*" (Salmos 51: 6).

El Señor desea la verdad y la honestidad al más profundo nivel y quiere que experimentemos su amor, su perdón y su poder en *todas* las áreas de nuestra vida. Experimentar su amor no significa que todos nuestros pensamientos, emociones y comportamientos van a ser agradables y puros. Significa que podemos ser *sinceros*, sintiendo dolor y alegría, amor y enojo, confianza y confusión. Los Salmos nos dan el entendimiento acerca de lo que significa ser sinceros con Dios. David y los otros salmistas escribieron y hablaron honestamente de toda la gama de sus respuestas a diferentes situaciones. Por ejemplo, David expresó su enojo contra Dios porque se sintió abandonado por El:

Diré a Dios: Roca mía, ¿por qué te has olvidado de mí?
¿Por qué andaré yo enlutado por la opresión del enemigo? (Salmos 42:9)

Algunas veces David estuvo furioso con otros y expresó su ira al Señor en términos que revelan lo profundo de sus sentimientos:

Oh Dios, quiebra sus dientes en sus bocas;
Quiebra, oh Jehová, las muelas de los leoncillos.
7 Sean disipados como aguas que corren;
Cuando disparen sus saetas, sean hechas pedazos.
8 Pasen ellos como el caracol que se deslíe;
Como el que nace muerto, no vean el sol.
9 Antes que vuestras ollas sientan la llama de los espinos,
Así vivos, así airados, los arrebatará él con tempestad. (Salmos 58:6-9)

David escribió de su desesperación ante difíciles situaciones:

Mi corazón está dolorido dentro de mí,
Y terrores de muerte sobre mí han caído.
5 Temor y temblor vinieron sobre mí,
Y terror me ha cubierto. (Salmos 55:4-5)

Y comunicaba su desesperación al Señor:

24 ¿Por qué escondes tu rostro,
Y te olvidas de nuestra aflicción, y de la opresión nuestra?
25 Porque nuestra alma está agobiada hasta el polvo,
Y nuestro cuerpo está postrado hasta la tierra. (Salmos 44:24-25)

Algunas veces se sintió confundido:

¿Hasta cuándo, Jehová? ¿Me olvidarás para siempre?
¿Hasta cuándo esconderás tu rostro de mí?
2 ¿Hasta cuándo pondré consejos en mi alma,
Con tristezas en mi corazón cada día?
¿Hasta cuándo será enaltecido mi enemigo sobre mí? (Salmos 13:1-2)

Algunas veces David comunicaba su amor hacia el Señor:

Como el ciervo brama por las corrientes de las aguas,
Así clama por ti, oh Dios, el alma mía.
2 Mi alma tiene sed de Dios, del Dios vivo;
¿Cuándo vendré, y me presentaré delante de Dios? (Salmos 42:1-2)

A veces David confió en el Señor:

1 Jehová es mi luz y mi salvación; ¿de quién temeré?
Jehová es la fortaleza de mi vida; ¿de quién he de atemorizarme?
2 Cuando se juntaron contra mí los malignos, mis angustiadores y mis enemigos,
Para comer mis carnes, ellos tropezaron y cayeron.
3 Aunque un ejército acampe contra mí,
No temerá mi corazón;
Aunque contra mí se levante guerra,
Yo estaré confiado. (Salmos 27:1-3)

En otras ocasiones estuvo lleno de alabanzas a Dios:

Te exaltaré, mi Dios, mi Rey,
Y bendeciré tu nombre eternamente y para siempre.
2 Cada día te bendeciré,
Y alabaré tu nombre eternamente y para siempre.
3 Grande es Jehová, y digno de suprema alabanza;
Y su grandeza es inescrutable. (Salmos 145:1-3)

Estos pasajes demuestran que Dios, quien habló de David como un hombre conforme al corazón del Señor, quiere que nos abramos a El y seamos honestos con El acerca de nuestras emociones, pero no solamente aquellas emociones agradables, sino todas.

Muchos leen y estudian, van a los seminarios y a reuniones, tal vez tienen relaciones en las cuales son amados y animados, pero tal vez no ven un cambio sustantivo en sus vidas y en sus patrones de comportamiento. Una de las causas de esta inercia espiritual y emocional es un sentido de desesperanza. Por varias razones (el trasfondo familiar, experiencias pasadas, modelos inadecuados), podemos tener suposiciones negativas que determinan nuestra receptividad al amor y la verdad. En algunos casos, la luz de Dios puede revelarnos nuestro dolor y la pared de defensas, pero tal vez no penetra aún en lo más profundo de nuestros pensamientos y creencias acerca de nosotros mismos. Estas creencias quizás no se expresan claramente, pero con frecuencia reflejan percepciones erróneas como las que listan a continuación:

- En realidad, Dios no se preocupa por mí.
- No soy digno de ser amado y no tengo valor como persona.
- Nadie me amará jamás.
- Nunca seré capaz de cambiar.
- He sido un fracasado toda la vida. Supongo que siempre lo seré.
- Si la gente realmente me conociera, no me querrían.

Cuando la luz del amor y la honestidad brilla sobre los pensamientos de desesperación, normalmente es una experiencia dolorosa. Empezamos a admitir que realmente sentimos negativamente sobre nosotros mismos y que hemos sentido así por mucho tiempo. Pero el amor de Dios, expresado a través de Su pueblo y tejido en nuestras vidas por el Espíritu Santo y Su palabra, a través del tiempo, puede traer sanidad incluso a nuestras más profundas heridas y proveernos de un sentido adecuado de nuestro valor propio.

El propósito de este libro es proveer claras instrucciones bíblicas acerca de la base de tu valor propio por ayudarte a:

1. Identificar y entender la naturaleza de la búsqueda de las personas por significado.
2. Reconocer y cuestionar las respuestas inadecuadas.
3. Aplicar las soluciones de Dios a *tu* búsqueda de significado.

Este es un proceso que examinaremos a través de las siguientes páginas. A estas alturas, simplemente pídele a Dios que te dé el coraje para ser honesto. Permítele dirigir la luz de su Espíritu sobre tus pensamientos, sentimientos y acciones. Quizás puedas ser sorprendido por un dolor adicional que sentirás en la medida en que seas consciente de lo profundo de tus heridas, pero la experiencia de la sanidad solo podrá ser tan profunda como la consciencia de la necesidad de esta. Esto requiere del poder de la luz de Dios. Pídele a El que encienda esa luz.

Cuando la luz viene a nuestras vidas, descubrimos que hemos intentado encontrar ciertas soluciones de una manera incorrecta. Esto no quiere decir que nuestras necesidades no sean reales, sino que hemos intentado suplirlas o solucionarlas de una manera inapropiada.

¿Cómo sabemos que lo que *queremos* es realmente lo que *necesitamos*? Primero, la respuesta sencilla es que cuando no tenemos algo que necesitamos, nos sentimos incómodos y algunas veces miserables; quizás hasta el punto de la muerte. Sin agua nos sentimos muy sedientos, sin dormir estamos somnolientos. Cuando nos damos cuenta que percibimos nuestras vidas como si no tuvieran valor, propósito o significado, nos sentimos miserables. Muchos se han suicidado para evitar vivir una vida así. Me parece increíble descubrir cristianos que creen (por lo menos intelectualmente) que el valor, propósito y significado no tienen importancia en la vida. Estos individuos usualmente se han insensibilizado en cuanto a sus sentimientos, al punto de llegar a tener problemas relacionales que ni siquiera son capaces de reconocer.

La segunda manera de saber si algo es crítico en nuestras vidas, es ver si la Palabra de Dios le da mucho énfasis a una necesidad en particular. Leyendo las escrituras desde esta perspectiva, podemos encontrar este énfasis una y otra vez. Por ejemplo, Jesús dio su vida para salvar nuestras vidas. El precio es muy alto como para calcularlo. Dios nos dice que somos tan importantes para El, que siempre tiene puestos Sus ojos en nosotros. El es capaz de ser tan delicado en nuestra situación que hasta tiene contados los pelos de nuestra cabeza. Evidentemente no hay nada más importante para Dios que nuestro bienestar. Aún Sus exigencias son diseñadas para nuestro bien. El Padre les dice a Sus hijos: "Ten cuidado en tus decisiones. Tu eres valioso para mí". Dios sabe que necesitamos saber cuan valiosa es nuestra vida y destina mucha de Su Palabra diciéndonos eso.

Desde el principio de la vida, nos encontramos dando vueltas, buscando satisfacer algún anhelo interior inexplicado. Nuestro anhelo hace que busquemos gente que nos ame. Nuestro deseo de ser aceptados nos deja bajo una presión para cumplir metas, y para ganar la aprobación de otros. Nos esforzamos para conseguir el éxito, exigiéndonos cada vez más en nuestras mentes y cuerpos, esperando que debido a nuestro esfuerzo y sacrificio ganemos un mayor aprecio de parte de otros.

Pero el hombre o la mujer que vive solamente por el amor y la atención de otros, nunca estará satisfecha, o por lo menos, la satisfacción no durará por mucho tiempo. A pesar de nuestros esfuerzos, nunca encontraremos la paz total duradera si continuamente debemos compararnos con otros. Nuestro deseo de ser amados y aceptados son síntomas de una necesidad aun más profunda. Esta es la necesidad que frecuentemente gobierna nuestro comportamiento y es la fuente primaria de nuestro dolor emocional. Algunas veces no reconocida, esta es nuestra necesidad de autoestima, de sentirnos personas valiosas.

El caso de Marco y Verónica demuestra acertadamente esta necesidad. Durante su último semestre en la Universidad, Marco y Verónica se enamoraron. Los ojos de Verónica brillaban y su caminar tenía ese resplandor. Ella encontraba difícil concentrase en sus estudios. Mientras Verónica y Marco se miraban fijamente a los ojos, ella vio el afecto especial que siempre deseó. Ella sintió que su necesidad de sentirse valorada y amada podría ser satisfecha a través de su relación con Marco. Así mismo Marco fue animado y motivado por la aceptación de Verónica y la admiración que sentía hacia él. Con su ayuda, Marco pensaba que podría comenzar una exitosa carrera después de su graduación.

El verano siguiente a la graduación de la Universidad, Marco y Verónica se casaron, creyendo que su amor les proveería un sentido de autoestima permanente. Desafortunadamente ellos dependían uno del otro para llenar aquellos vacios que solo Dios es capaz de llenar. Cada uno esperaba del otro que siempre lo amara, lo aceptara y lo perdonara, sin importar las circunstancias. Pronto ellos se sintieron desilusionados y hasta traicionados el uno por el otro. Al pasar los años, la aprobación fue reemplazada por el sarcasmo y la burla. Cada falla de dar amor y aceptación fue como otro ladrillo en la pared del dolor y separación. Recientemente Marco y Verónica celebraron su decimo aniversario de bodas. Lamentablemente aunque han compartido diez años juntos, han experimentado muy poca verdad y amor incondicional. Su búsqueda de autoestima y significado terminó en desesperación

Otro ejemplo que ilustra como la promesa de sentirnos llenos a través del éxito es una farsa, que trae consecuencias trágicas para nuestras vidas y las vidas de los que nos rodean, se puede ver en el caso de Gabriel y Carolina. Ellos llevaban doce años de matrimonio. Gabriel era un abogado exitoso y Carolina una ama de casa que trabajaba en actividades de la iglesia. Sus dos hijos, Carlos de seis años y David de ochos años, eran niños muy educados. A pesar que su familia parecía ser un modelo para los que los rodeaban, Gabriel y Carolina empezaron a experimentar graves problemas. La carrera de Gabriel estaba creciendo y prosperando mucho, pero a expensas de Carolina y sus hijos. Gabriel llegaba tarde cada noche y usualmente pasaba los fines de semana encerrado en su oficina. Se sentía compelido a alcanzar el éxito, siempre creyendo que la satisfacción y el contentamiento le vendrían después de la siguiente victoria en los tribunales. Pero cada éxito solo le daba una satisfacción temporal. Quizás el próximo…

Gabriel no dejaba que nada interfiriera con su éxito, ni siquiera las necesidades de su familia. Al principio Carolina parecía entenderlo. Ella sabía que el trabajo de Gabriel era importante y no le gustaba quejarse cuando él estaba ocupado. No queriendo molestarlo, ella empezó a sentirse culpable por hablarle de los problemas de la familia. Pero mientras las semanas se convertían en meses y Gabriel seguía obsesionado con su trabajo, Carolina empezó a sentir resentimiento. Ella podía pasar por alto sus propias necesidades aunque fuera algo doloroso, pero los niños necesitaban de su padre. La familia nunca tenía tiempo para estar juntos y las promesas de Gabriel sonaban vacías. "Cuando este caso importante se termine, habrá menos presión", decía él, pero siempre había otro caso. Gabriel continuamente resolvía los problemas de los demás, pero nunca los de su propia familia. Dándose cuenta de que ella y los niños no eran importantes para él, Carolina se volvió amargada y deprimida.

Los problemas de Gabriel y Carolina siguieron y pronto empezaron a ser evidentes para los demás. Las amigas empezaron a preguntarle a Carolina que pasaba. Al principio fue difícil para ella ser honesta acerca de la situación, pero con el tiempo empezó a compartir sus sentimientos. Le sorprendían y le dolían las respuestas fáciles que recibió de sus amigas bienintencionadas, pero insensibles. "Solo confía en el Señor", decía una. Otra amiga cercana le aconsejo que "Tu no deberías tener ningún problema, Carolina. Tú eres cristiana. Con la ayuda de Dios puedes hacer que las cosas funcionen".

Estos comentarios hirieron a Carolina profundamente. Empezó a dudar de si misma y a preguntarse si sería capaz de construir una familia y un matrimonio exitoso. Sintiéndose como una fracasada, pensaba que quizás ella merecía un matrimonio roto. Razonaba que quizás sus problemas con Gabriel eran culpa de ella y que Dios la estaba castigando por sus pecados.

Confundidos y frustrados, tanto Gabriel como Carolina estaban buscando el significado, cada uno a su propia manera. Gabriel como un abogado exitoso y Carolina como una esposa y madre exitosa. Sus vidas empezaron a relejar esa extraña combinación entre desesperanza y compulsión. Lamentablemente ni Gabriel ni Carolina se dieron cuenta que su búsqueda debía empezar y terminar en la Palabra de Dios.

En las Escrituras, Dios provee lo esencial para descubrir nuestro verdadero significado y valor. Los dos primeros capítulos de Génesis nos relatan la creación del hombre, revelando el propósito del hombre (honrar a Dios) y su valor (es una creación especial de Dios). Juan 10:10 también nos recuerda lo mucho que Dios valora su creación, tanto que Cristo vino al mundo para que pudiéramos tener vida en abundancia. Sin embargo, como cristianos, necesitamos darnos cuenta de que esta vida abundante se vive en un mundo lleno de dolor, rechazo y fracaso. Por lo tanto, experimentar la vida abundante que Dios tiene para nosotros, no significa que no tendremos problemas en nuestras vidas. Por el contrario, la vida misma es una serie de problemas, que muchas veces actúan como obstáculos en nuestra búsqueda de significado; y la vida abundante es la experiencia del amor de Dios, Su perdón y Su poder en medio de estos problemas. Las escrituras nos alertan en el hecho que vivimos en una guerra que puede destruir nuestra fe, reducir nuestra autoestima y llevarnos a la depresión. En la carta a los Efesios, Pablo nos instruye a ponernos la armadura de Dios para estar equipados para la batalla espiritual. Sin embargo, parece ser que algunos creyentes desprevenidos son los últimos en darse cuenta de que esta batalla está ocurriendo, y que Cristo ya ganó esta guerra definitivamente. Están sorprendidos y confundidos por las dificultades, pensando que la vida Cristiana es un campo de juego y no un campo de batalla.

Como cristianos nuestra satisfacción en esta vida no depende en nuestra habilidad para evitar los problemas. Depende de nuestra habilidad para aplicar las soluciones específicas de Dios para esos problemas. Una comprensión exacta de la Verdad de Dios es el primer paso hacia el descubrimiento de nuestro significado y valor.

Desafortunadamente muchos de nosotros hemos estado expuestos a enseñanza inadecuada, tanto de fuentes religiosas como seculares, acerca de nuestro valor propio.

Como resultado, podemos tener una visión distorsionada de nosotros mismos, y estar experimentando desesperación, en lugar de la vida abundante y significativa que Dios tiene destinada para nosotros.

El psicólogo cristiano Lawrence J. Crabb Jr, describe nuestra necesidad de autoestima de esta manera: "La base de la necesidad personal en cada individuo, es sentir gran estima por sí mismo como un ser humano valioso." De acuerdo con William Glasser, "Cada uno aspira a tener una feliz, exitosa y agradable opinión de sí mismo".

Algunos psicólogos seculares, se centran en la autoestima únicamente con la meta de hacernos sentir bien respecto de nosotros mismos. Sin embargo, el concepto Bíblico del valor personal va mucho más allá de esa limitada perspectiva. Es una percepción correcta de nosotros mismos, de Dios y de otros, basada en las verdades de la Palabra de Dios. Un concepto correcto y Bíblico de uno mismo contiene tanto fuerza como humildad, pesar por el pecado como gozo por el perdón, un profundo sentido de nuestra necesidad de la gracia de Dios y de la realidad de la gracia de Dios.

Como quiera que se llame, autoestima o valor propio, el sentimiento de significado es crucial para la estabilidad emocional, espiritual y social del hombre, y es el elemento conductor dentro del espíritu humano. Entender esta simple necesidad, es abrir la puerta para entender nuestras acciones y actitudes.

¡Es una pérdida de tiempo intentar cambiar un comportamiento sin realmente comprender las necesidades impulsoras que lo causan! Sin embargo millones de personas gastan su vida buscando amor, aceptación y éxito sin entender la necesidad que hay detrás. Debemos entender que esta hambre de sentirnos personas valiosas es dada por Dios y solo puede ser satisfecha por El. Nuestro valor no depende de nuestra habilidad de ganar la aceptación inconstante de la gente, sino, más bien, emana del amor y aceptación de Dios. El nos creó. Solo Él sabe cómo llenar *todas* nuestras necesidades.

Para entender realmente la provisión que Dios ha hecho para nuestra autoestima, debemos volver al principio de la humanidad, al primer hombre y a la primera mujer, y su búsqueda de significado.

Capitulo 2

EL ORIGEN DE LA BUSQUEDA

¿Siempre tiene Dios las soluciones para las luchas emocionales del hombre, o depende El de los filósofos y sus ideas?

Si El no tiene las respuestas para nuestras necesidades, ¿cómo podría cumplir sus promesas de llenarnos de gozo y paz si lo seguimos?

El Antiguo Testamento describe el incidente original de pecado y la caída del hombre:

Y vio la mujer que el árbol era bueno para comer, y que era agradable a los ojos, y árbol codiciable para alcanzar la sabiduría; y tomó de su fruto, y comió; y dio también a su marido, el cual comió así como ella.
Entonces fueron abiertos los ojos de ambos, y conocieron que estaban desnudos; entonces cosieron hojas de higuera, y se hicieron delantales.
Génesis 3:6-7

Para entender apropiadamente los efectos devastadores de este evento, necesitamos examinar la naturaleza del hombre antes de que el pecado lo hiciera perder su seguridad y significado.

El primer hombre creado vivía en una relación íntima con Dios. El estaba seguro y libre. En toda la creación de Dios, ninguna criatura podía compararse con él. Ciertamente Adán era una magnifica creación, completa y perfecta en la imagen de Dios, diseñada para reinar sobre la tierra (Génesis 1:26-28). Adán fue hecho para reflejar la gloria de Dios. A través del hombre, Dios buscaba demostrar su santidad (Salmos 99:3-5), su amor y paciencia (1 Corintios 13:4), misericordia (1 Corintios 13:7), sabiduría (Santiago 3:13-17), consuelo (2 Corintios 1:3-4), perdón (Hebreos 10:17), fidelidad (Salmos 89:1-2, 5, 8) y gracia (Salmo 11:4). A través de su intelecto, libre albedrio y emociones, el hombre estaba destinado a ser un ejemplo del carácter glorioso de Dios.

Por lo tanto Adán fue una creación importante para Dios. Para satisfacer sus necesidades de compañerismo y comprensión, Dios creó una mujer para Adán y se la dio como su esposa. De acuerdo con el carácter perfecto de ellos, Dios puso a Adán y Eva en el entorno perfecto – un suntuoso y hermoso jardín donde el propio Creador proveyó para las necesidades físicas de ellos. Adán y Eva tuvieron el reto y responsabilidad de supervisar este paraíso de vegetación y vida animal. Para satisfacer sus necesidades espirituales, Dios los visitaba y hablaba con ellos personalmente. Adán y Eva eran perfectos en cuerpo, mente y espíritu.

Como Adán y Eva, Satanás también fue creado perfecto. Al tiempo de su creación, su nombre era Lucifer, que significa, "Estrella de la Mañana". El era un ángel del más alto grado, creado para glorificar a Dios. Lucifer estaba lleno de belleza y poder y le estaba permitido servir en la presencia de Dios. Lamentablemente, el orgullo de Lucifer hizo que se rebelara contra Dios y fue expulsado del cielo con la tercera parte de los ángeles (Isaías 14:12-15). El se apareció a Adán y Eva en el jardín en forma de serpiente, más astuto que cualquier animal que el Señor había creado. (Génesis 3:1).

Adam había recibido autoridad sobre la tierra, pero si, como Lucifer, se rebelaba contra Dios, él perdería su autoridad y perfección. Se podría convertir en un esclavo de Satanás y del pecado (Romanos 6:17) y un hijo de la ira de Dios. (Efesios 2:3). Por lo tanto, destruir al hombre era el camino de Satanás para poder reinar en la tierra y, según pensó él, arruinar el glorioso plan de Dios para el hombre.

Para cumplir con su objetivo, Satanás empezó por engañar a Eva, quien cayó en la tentación. Eva comió del árbol de la ciencia del bien y del mal, creyendo que la haría sabia y semejante a Dios. Adán, sin embargo, no fue tentado. El deliberadamente escogió renunciar al amor y seguridad de Dios y seguir a Eva en el pecado. Pablo explica este hecho a Timoteo:

Y Adán no fue engañado, sino que la mujer, siendo engañada, incurrió en transgresión. (1 Timoteo 2:14)

Al hacer esto, Adán no solamente perdió la gloria que Dios había querido para la humanidad, sino que también perdió su intima comunión con Dios. La rebelión deliberada de Adán, ayudó a los propósitos de Satanás, dándole poder y autoridad en la tierra. Desde ese momento, toda la historia condujo a una sola montaña en las afueras de Jerusalén, donde Dios designó a un Salvador para pagar el castigo por el pecado de rebelión del hombre (nuestras tentativas de encontrar la seguridad y el propósito aparte de Él). La muerte de Cristo es la prueba más imponente del amor de Dios por nosotros.

Aunque nosotros justamente merecemos la ira de Dios debido a aquella rebelión deliberada, Su Hijo se hizo nuestro substituto, y Él experimentó la ira que nuestra rebelión merece. Como Cristo pagó la pena para nuestros pecados, nuestra relación con Dios ha sido restaurada, y podemos participar de Su naturaleza y carácter, tener comunión con Él, y reflejar Su amor a todo el mundo.

¡Extienda las buenas noticias! ¡El hombre no está perdido para siempre! ¡Dios no ha desistido de nosotros! Nos compró de la esclavitud del pecado mediante el pago de la muerte de Cristo en la cruz. El dominio de Satanás puede ser deshecho, y podemos reinar con Cristo. Podemos ser restaurados a la seguridad y el significado para los cuales hemos sido creados - no solamente en la eternidad, sino también ahora mismo.

Nunca debemos olvidar que Dios quiere que sus hijos lleven su imagen y que gobiernen con El. El pecado de Adán trajo consecuencias trágicas, pero a través del Plan de Dios de redención, podemos aún tener el privilegio de relacionarnos con El. Dios ha proveído la solución, pero la pregunta es: *¿Aceptamos la muerte de Cristo como el pago de nuestros pecados y descubrimos así las poderosas implicaciones de nuestra salvación, o continuaremos siguiendo las mentiras de Satanás y sus decepciones?*

Quizás tú estás inseguro de tu relación con Dios y necesitas tratar de manera concluyente con esta decisión ahora mismo. No podemos pagar por nuestros pecados; Cristo ya lo ha hecho por nosotros como regalo. Pablo escribió acerca de este regalo en su carta a los cristianos de Éfeso:

Porque por gracia sois salvos por medio de la Fe; y esto no de vosotros, pues es don de Dios; no por obras, para que nadie se glorie. (Efesios 2:8-9)

¿Estás confiando en tus propias habilidades para ganar la aceptación de Dios, o estás confiando en la muerte de Cristo como pago por tus pecados y su resurrección para darte nueva vida? Toma un momento para reflexionar sobre esta pregunta. En una escala de 0 a 100 por ciento, ¿que tan seguro estás de que si murieras hoy mismo pasarías la eternidad con Dios? Una respuesta menor a 100 por ciento puede indicar que estás confiando, por lo menos en parte, en ti mismo. Podrías estar pensando, *¿no es arrogante decir que estoy 100 por ciento seguro*?

En efecto, sería arrogante si estuvieras confiando en tus propias capacidades, acciones y buenas obras, para ganar la salvación. Sin embargo, si estás confiando en que el sacrificio de Jesús ha sido totalmente suficiente, entonces 100 por ciento de seguridad es una respuesta de humildad y agradecimiento, no de arrogancia.

Reflexiona en una segunda pregunta: Si murieras hoy y estuvieras delante de Dios y si El te preguntara: *¿Por qué debería dejarte entrar al cielo*? ¿Qué le dirías? ¿Le mencionarías tus habilidades, tu asistencia a la iglesia, el buen trato a los demás, el servicio cristiano, la abstención a un pecado en particular o cualquier otro hecho bueno? Pablo escribió a Tito:

Pero cuando se manifestó la bondad de Dios nuestro Salvador, y su amor para con los hombres, nos salvó, no por obras de justicia que nosotros hubiéramos hecho, sino por su misericordia, por el lavamiento de la regeneración y por la renovación en el Espíritu Santo (Tito 3:4-5)

Debemos dejar nuestros propios esfuerzos por llegar a ser justos delante de Dios, y en su lugar creer que la muerte y resurrección de Cristo son suficientes para pagar por nuestros pecados y separación de Dios.

Quizás creas intelectualmente que Jesucristo vivió dos miles atrás, realizó milagros, murió en la cruz y fue levantado de la muerte. Quizás algunas veces en tu vida te hayas sentido cerca de Dios. Pero bíblicamente la Fe es más que el asentimiento intelectual o las emociones agradables. Considera la analogía con el matrimonio: Una pareja comprometida puede saber intelectualmente que los dos se quieren casar y probablemente se sientan muy cerca el uno del otro, pero hasta que voluntariamente digan "acepto" cada uno, no están casados. Mucha gente se encuentra en este punto en su relación con Dios. Necesitan decir "acepto" a Dios.

Si existe alguna duda en cuanto a haber aceptado de manera concluyente la muerte sustitutiva de Cristo para pagar la ira que tú mereces por tus pecados, piensa en las dos preguntas que hemos examinado y reflexiona sobre Su amor y perdón. Entonces responde confiando en Cristo y aceptando Su pago para tus pecados. Tú puedes usar esta oración para expresar tu fe:

Señor Jesús, te necesito. Quiero que seas mi Salvador y mi Señor. Acepto tu muerte en la cruz como el completo pago por mis pecados. Gracias por tu perdón y por darme una nueva vida. Ayúdame a crecer en mi conocimiento de tu amor y poder para que mi vida te dé todo el honor a ti. Amén.

En el momento en que crees en Cristo, muchas cosas maravillosas te ocurren:

Todos tus pecados te son perdonados: Pasados, presentes y futuros (Colosenses 2:13-14)
Te conviertes en hijo de Dios (Juan 1:12; Romanos 8:15)
Recibes la vida eterna (Juan 5:24)
Eres liberado del dominio de Satanás y transferido al reino de Cristo (Colosenses 1:13)
Cristo viene a morar en ti (Colosenses 1:27; Apocalipsis 3:20)
Te conviertes en una nueva creación (2 Corintios 5:17)
Eres declarado justo delante de Dios (2 Corintios 5:21)
Entras en una relación de amor con Dios (1 Juan 4:9-11)
Eres aceptado por Dios (Colosenses 1:19-22)

Piensa en las implicaciones de estas verdades para tu vida. Después dale gracias a Dios por su maravillosa gracia y experimenta *el amor de Cristo, que sobrepasa todo conocimiento* (Efesios 3:19).

LA SOLUCION DE LA SALVACION VERSUS LA TRAMPA DE SANTANAS

Satanás, el padre de las mentiras, distorsiona y cambia la verdad haciendo que sus decepciones parezcan más razonables y atractivas que la verdad. Miremos como Satanás engaño a Eva. Él le dijo:

Sino que sabe Dios que el día que comáis de él, serán abiertos vuestros ojos, y seréis como Dios, sabiendo el bien y el mal. (Génesis 3:5)

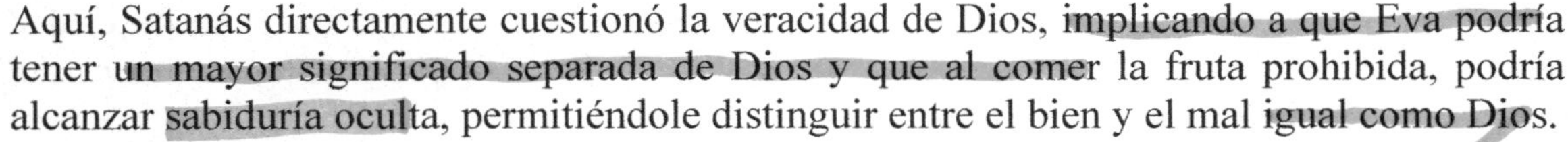

Aquí, Satanás directamente cuestionó la veracidad de Dios, implicando a que Eva podría tener un mayor significado separada de Dios y que al comer la fruta prohibida, podría alcanzar sabiduría oculta, permitiéndole distinguir entre el bien y el mal igual como Dios.

Siendo engañada, Eva cambió la verdad de Dios por la mentira de la serpiente. Ella comió la fruta prohibida. Después Adán la siguió en rebelión pecaminosa en contra de Dios, y él también comió de la fruta prohibida. Una de las trágicas implicaciones de este evento, es que el hombre perdió su posición segura delante de Dios y empezó una lucha con sentimientos de arrogancia, insuficiencia y desesperación, valorando más las opiniones de otros que la verdad de Dios. Esto robó al hombre su seguridad y lo puso en una búsqueda continua, pero infructuosa, de significado a través de su propio éxito y la aprobación de otros.

De una manera u otra, la mentira de Satanás continúa creciendo hoy en día. Por ejemplo, el humanismo, la filosofía central de muchas universidades y sociedades, enseña que el hombre está por encima de todo, que por sí mismo es el centro del significado. Enseñando que el hombre tiene significado fuera de Dios, el humanismo deja la moralidad, la justicia y el comportamiento a la discreción del "iluminado" hombre, alentando a la gente a adorar el hombre y la naturaleza en lugar de a Dios. Viviendo sin la verdad divina de Dios, el humanismo cae en cada vez más perversión, siguiendo ciegamente una filosofía que intenta destacar la dignidad del hombre, pero que en lugar de hacerlo lo lleva al nivel de los animales. En lugar de un ser espiritual y emocional, el hombre ha sido clasificado como un fenómeno puramente natural del tiempo y la evolución, no más grande que las rocas, los animales o las nubes. El Apóstol Pablo describió está loca y denigrante perspectiva del hombre en Romanos 1:20-25:

Porque las cosas invisibles de él, su eterno poder y deidad, se hacen claramente visibles desde la creación del mundo, siendo entendidas por medio de las cosas hechas, de modo que no tienen excusa.
Pues habiendo conocido a Dios, no le glorificaron como a Dios, ni le dieron gracias, sino que se envanecieron en sus razonamientos, y su necio corazón fue entenebrecido.
Profesando ser sabios, se hicieron necios,y cambiaron la gloria del Dios incorruptible en semejanza de imagen de hombre corruptible, de aves, de cuadrúpedos y de reptiles.
Por lo cual también Dios los entregó a la inmundicia, en las concupiscencias de sus corazones, de modo que deshonraron entre sí sus propios cuerpos,
ya que cambiaron la verdad de Dios por la mentira, honrando y dando culto a las criaturas antes que al Creador, el cual es bendito por los siglos. Amén.

En el comienzo Dios declaró que el hombre fue creado para reinar junto a Él, sin embargo, el hombre rechazó la verdad de Dios y escogió creer la mentira de Satanás. Hoy en día, el hombre continúa rechazando la verdad de Dios y su ofrecimiento de salvación a través de Jesucristo. Prefiere confiar en su éxito y en la opinión de otros para darle un sentido de valor propio, aunque las Escrituras claramente enseñan que fuera de Cristo, el hombre es esclavo del pecado y condenado a vivir en el infierno por la eternidad.

Desde la caída, el hombre por lo general ha fallado en volverse a Dios para obtener la verdad acerca de si mismo. En su lugar, ha buscado a otros para satisfacer su necesidad ineludible de sentir que tiene valor. *Soy lo que los demás dicen que soy*, ha argumentado. *Encontraré mi valor en sus opiniones de mí.*

¡No es increíble que para descubrir nuestro propio valor, nos volvamos a otros que tienen una perspectiva tan limitada y tan entenebrecida como la nuestra! En lugar de depender de la seguridad continua y edificante que Dios nos da respecto a quienes somos, dependemos de otros que nos valoran según nuestra capacidad para conformarnos a sus normas. Ya que nuestro desempeño y habilidad de complacer a otros domina nuestra búsqueda de significado, tenemos dificultad en reconocer la diferencia entre nuestra verdadera identidad y la manera en que nos comportamos, reconocimiento crucial para poder entender nuestro verdadero valor. Nuestro valor real está basado, no en nuestra comportamiento o ni en la aprobación de otros, sino en lo que la verdad de la Palabra de Dios dice ser verdad respecto a nosotros..

Nuestro comportamiento normalmente es un reflejo de nuestras creencias acerca de lo que somos. Usualmente coincide en lo que pensamos ser verdad acerca de nosotros mismos (Proverbios 23:7). Si basamos nuestro valor firmemente en la verdad de la Palabra de Dios, entonces nuestro comportamiento frecuentemente reflejará Su Amor, gracia y poder. Pero si basamos nuestro valor en nuestras capacidades o la aprobación inconstante de otros, entonces nuestro comportamiento reflejará la inseguridad, el miedo y la ira que provienen de tal inestabilidad.

Aunque usualmente nos comportamos de manera consistente con nuestras creencias, algunas veces nuestros actos pueden contradecirlas. Por ejemplo, podemos creer que somos generosos y amables cuando realmente somos muy egoístas. Algunas veces nuestro comportamiento cambia lo que creemos de nosotros mismos. Si, por ejemplo, tenemos éxito en una tarea que habíamos creído que fallaríamos, nuestra confianza puede empezar a crecer y extenderse a otras área de nuestras vidas. Nuestros sentimientos, comportamiento y creencias interactúan para moldear nuestra vida.

El ambiente en el hogar juega un rol central en la formación de nuestras creencias y emociones. Esto puede tener un impacto poderoso en nuestra perspectiva y comportamiento. Esta verdad es evidente en el caso de Oscar. El creció en una casa en la cual siempre que intentaba algo nuevo y desafiante, no recibía elogios y era desalentado por sus padres. Después de 20 años de escuchar: "Nunca serás capaz de hacer algo así que ni lo intentes", él creía esto. Ni Oscar ni sus padres podían entender porque era continuamente expulsado de la escuela y continuamente cambiaba de trabajo, sin poder alcanzar el éxito., Creyendo que hacia lo mejor que podía pero sospechando que siempre iba a fracasar, Oscar actuaba según la percepción que tenía de sí mismo.

Separados de Dios y Su Palabra, la gente no tiene más que sus habilidades y la opinión de otros en que basar su propio valor, y las circunstancias alrededor de ellos terminan controlando la forma en que se sienten acerca de si mismos.

Miremos el caso de Esther, una mujer joven que quedó embarazada cuando tenía 17 años. Esther entregó su bebe en adopción y solo su familia y algunos amigos cercanos conocían de este hecho. Varios años después, Esther se enamoró de un hombre compasivo llamado Rubén y se casaron. Temiendo su reacción, ella nunca le contó a Rubén acerca del bebe. A través de los años, Esther ocultó su culpa y su pena hasta que la presión finalmente llegó a ser tan abrumadora que ella le confesó todo a él.

Sorprendentemente Rubén no respondió con ira. El entendió la agonía que su esposa había cargado por tantos años y continuó amándola a pesar de su pasado. Fue Esther quien no pudo hacerle frente a la situación.. Incapaz de aceptar el perdón de Rubén y sabiendo que había fallado de acuerdo con las reglas de la sociedad, Esther no se sintió digna de su amor. Ella rehusó a perdonarse y decidió abandonar a su esposo.

En este caso, Esther fue víctima de una de las mentiras más efectivas de Satanás: *Los que fracasan no son dignos de ser amados y merecen ser culpados y condenados.* Debido a que en su propia opinión había fracasado, la percepción que Esther tenía de sí misma fue perjudicialmente afectada.

Cada una de nosotros probablemente hemos fracasado en algún momento de nuestras vidas. Quizás algún pecado en particular o alguna debilidad, nos ha hecho sentir condenados e indignos de amor. Sin la esperanza y la sanidad que Dios nos puede brindar, nuestra evaluación de nosotros mismos eventualmente podría llevarnos a la desesperación.

A pesar del pecado de Adán y Eva, el plan de Dios es traer de nuevo al hombre al destino para el cual fue originalmente creado: llevar su imagen. Para cumplir esto, Dios da una nueva naturaleza a todos los que confían en Cristo. Esta nueva naturaleza permite reflejar el carácter de Dios y gobernar su creación. En Lucas 10:19, Cristo habló de la autoridad de esta nueva naturaleza, cuando dijo: "*He aquí os doy potestad de hollar serpientes y escorpiones, y sobre toda fuerza del enemigo, y nada os dañará*".

A pesar de esto, Satanás continúa engañando a la gente, incluyendo a muchos cristianos, y haciéndoles creer que la base de su valor es su comportamiento y su capacidad para agradar a otros. La siguiente ecuación refleja la mentira de Satanás:

Valor propio = Comportamiento + Opiniones de otros.

¿Podemos vencer la decepción de Satanás y rechazar esta base de nuestro valor propio? ¿Podemos confiar en la completa aceptación de Cristo como sus hijos e hijas y permitirle que nos libere de nuestra dependencia en el éxito y la aprobación de otros? Rechazar la mentira de Satanás y aceptar la evaluación que Dios hace de nosotros, nos lleva a una renovada esperanza, gozo y propósito en la vida.

Todos tenemos necesidades urgentes, dadas por Dios, de amor, aceptación, y propósito, y la mayoría de nosotros hará prácticamente cualquier cosa para satisfacer aquellas necesidades. Muchos nos hemos hecho expertos en "jugar a" tener exitoso y ganar la aprobación de otros. Sin embargo, otros hemos fracasado y experimentado el dolor de desaprobación tan a menudo que nos hemos dado por vencidos y nos hemos encerrado en una concha de dolor, entumecimiento o depresión. En ambos casos, vivimos por el engaño que nuestro valor está basado en nuestro comportamiento y las opiniones de otros, solamente que algunos somos más adeptos que otros en jugar este juego.

Nuestros intentos de satisfacer nuestras necesidades de éxito y aprobación, se agrupan en dos categorías amplias: La compulsión y la huida. Alguna gente realiza un esfuerzo extraordinario, trabajan horas extras y tratan de decir solo lo correcto para alcanzar el éxito y agradar a aquellos que los rodean. Estas personas pueden tener un deseo compulsivo de tener el control de cada situación. Son perfeccionistas. Si un trabajo no está hecho a la perfección, si no están vestidos exactamente como corresponde, sino son considerados como "lo mejor" por sus compañeros, entonces trabajan más duro hasta alcanzar ese codiciado estatus. ¡Y pobre de aquel que se interponga en su camino! Cualquiera que no contribuya a su éxito y aclamación constituye una amenaza a su autoestima, una amenaza inaceptable. Pueden ser muy agradables y tener muchos amigos, pero su objetivo en esas relaciones quizás no sea el de dar ánimo y amor; más bien puede ser el de manipular a otros para contribuir en su éxito. Quizás esto suene duro, pero las personas que se sienten empujadas a tener éxito, frecuentemente usarán cualquier cosa o cualquier persona a fin de satisfacer esa necesidad.

La otra categoría amplia es la de la huida. Aquellos que manifiestan este comportamiento usualmente tratan de evitar el fracaso y la desaprobación evitando los riesgos. No se ofrecen de voluntarios para trabajos que impliquen mucho riesgo de poder fracasar. Se acercan a personas compasivas y amables, evitando relaciones que podrían exigir la vulnerabilidad y consecuentemente, traer un riesgo de rechazo. Pueden parecer personas sin preocupaciones, pero por dentro usualmente huyen de cada situación o relación potencial que pueda no tener éxito.

Obviamente estas son dos categorías amplias. Muchos de nosotros exhibimos alguna combinación de estos dos comportamientos, dispuestos a tomar riesgos y trabajar duro en las áreas donde sentimos que el éxito está asegurado, pero evitando gente y situaciones que puedan traernos rechazo y fracaso.

Roberto y Kathy llevaban tres años de novios. Kathy era perfeccionista. Su ropa, su pelo, su trabajo, su carro, incluso hasta su novio tenían que ser perfectos. Roberto, una persona bondadosa, divertida, no era tan fijado en los detalles. Predeciblemente, entre más empeño ponía Kathy en que toda cosa y toda persona fuera "justamente como debe ser", más pasivo y despreocupado se mostraba Roberto. Este espiral de intensidad y pasividad, continúo hasta que la relación entre Roberto y Kathy tocó fondo.

Después de varias semanas de consejería, Kathy vio que su perfeccionismo venia de una equivocada base de seguridad: su comportamiento en lugar de Cristo. Pero Roberto decía que él no tenia ningún problema en cuanto al basar su seguridad en el comportamiento. Ciertamente él no mostraba una compulsión a alcanzar éxito, y no presionaba a la gente a su alrededor para que lo hicieran. En medio de estas explicaciones, le pregunté: "Pero Roberto, ¿qué tal tu tendencia a huir? ¿Por qué piensas que haces esto?" Pero todavía él no comprendía.

Finalmente, después de varios meses, Roberto entendió. El basaba su seguridad en su comportamiento, tanto como lo hacia Kathy, pero lo manejaba diferente. Ella se sentía más compelida a lograr que todo estuviera "perfecto", mientras él huía para evitar el riesgo a fracasar. Los dos empezaron a reconocer las raíces de sus problemas y a través de meses de aliento y honesta interacción, empezaron a creer que su valor esté seguro en Cristo. Hoy en día, Kathy es menos intensa acerca de su comportamiento y Roberto no huye por temor a fracasar como lo hacía antes. Están aprendiendo a canalizar su intensidad hacia el verdadero significado: Cristo y su Reino.

Cuando basamos nuestra seguridad en el éxito y las opiniones de otros, nos convertimos en dependientes de nuestras habilidades para lograr éxito y agradar a otros. Desarrollamos una mentalidad de "*tener que*": *Tengo que* salir bien en este examen (o mi seguridad como 'buen estudiante' va a estar amenazada); *Tengo que* lograr ese contrato (o mi jefe pensará que soy un fracasado); Mi padre (o madre, esposa o amigos), *tiene que* apreciarme y estar feliz con mis decisiones (porque no puedo aguantar la no aprobación de esa persona).

Nuestro valor propio y percepción de Dios, usualmente son un espejo de las actitudes de nuestros padres hacia nosotros. Aquellos que han sido amados y afirmados por sus padres, tienden a tener un concepto de sí mismos bastante saludable, y usualmente se les facilita creer que Dios es amoroso y todo poderoso. Aquellos que han tenido padres negligentes, manipuladores y condenadores, usualmente sienten que necesitan ganarse un sentido de valor y que Dios es distante, exigente y/o cruel.

Nuestros padres son nuestros modelos del carácter de Dios. Cuando no tenemos aquel sentido fundamental de sentirnos amados y protegidos por ellos, tendemos a basar nuestro valor propio en el comportamiento y el agradar a los demás, en lugar de lo que el Dios soberano del universo, nuestro Salvador todo omnisciente, dice de nosotros.

No necesitamos tener éxito o agradar a otros para tener un sano sentido de valor propio. Ese valor nos ha sido dado por Dios de manera libre y concluyente. ¡El fracaso y/o la desaprobación de otros no pueden quitárnoslo! Entonces podemos concluir, *Sería bueno tener la aprobación de mis padres (o de quien sea), pero si no me aprueban, sigo siendo amado y aceptado por Dios.* ¿Ves la diferencia? La mentalidad de "*tengo que*", es pura esclavitud al comportamiento y la opinión de otros, pero estamos seguros y libres en Cristo. No *tenemos que* tener éxito o la aprobación de nadie más. Por supuesto que seria bueno tener éxito y la aprobación de otros, pero el punto es claro, que Cristo es la fuente de nuestra seguridad. Cristo es la base de nuestro valor. Cristo es el único que promete y nunca falla.

La transición de la esclavitud y la compulsión de una mentalidad de "*tener que*", a la libertad y el poder de la motivación de "*quisiera que*", es un proceso. Frecuentemente la esclavitud a tal manera de pensar está profundamente arraigada en nuestra personalidad, patrones de conducta y la manera en cómo nos relacionamos con l otras personas. Estos patrones de pensamiento, sentimiento y respuesta, aprendidos con el tiempo, fluyen tan naturalmente como una corriente de agua en un rio seco en el desierto. Cambiarlos requiere de tiempo, del aliento de otros, de la verdad y la aplicación de la Palabra de Dios y del poder del Espíritu Santo.

Este libro está dedicado al proceso de entendimiento, aplicación y experiencia de las verdades fundamentales de la palabra de Dios. En los siguientes capítulos, examinaremos el proceso de la esperanza y la sanidad. También identificaremos cuatro mentiras específicas generadas por el engaño de Satanás. Adicionalmente descubriremos la solución amorosa, efectiva y permanente que Dios tiene para nuestra búsqueda de significado.

Introducción

CAPITULOS 3-10

Normalmente es útil ver un panorama general cuando estamos por aprender conceptos nuevos. En los siguientes capítulos vamos a examinar cuatro creencias falsas que resultan de las mentiras de Satanás con algunas de las consecuencias que las acompañan. Finalmente vamos a examinar la solución específica de Dios a nuestro sistema de falsas creencias y aplicarla a través de algunos ejercicios prácticos.

Recuerda que los efectos específicos de las creencias falsas y las acciones resultantes, pueden variar de persona a persona, dependiendo del trasfondo familiar, rasgos de personalidad, otras relaciones y muchos otros factores. Asimismo, la aplicación de las verdades bíblicas varía de acuerdo con la percepciones del individuo, su grado de salud emocional, espiritual, y relacional, y el proceso por medio del cual los elementos cognoscitivos, relacionales, espirituales y emocionales se incorporan a su vidas. Todo esto toma tiempo, ¡pero la salud y la esperanza valen la pena!

El cuadro siguiente páginas provee una visión general de estos capítulos.

Capitulo	Falsa Creencia	Consecuencias	Respuesta de Dios
3-4 La trampa del comportamiento	Para poder tener una buena opinión de mi mismo, tengo que cumplir con ciertas normas.	Miedo al fracaso, perfeccionismo, compulsión a obtener el éxito, manipulación de otros para alcanzar el éxito, huir de los riesgos	**La Justificación:** Significa que Dios no solo me ha perdonado de mis pecados, sino también que me ha regalado la justicia de Cristo. Por la justificación, tengo la justicia de Cristo y por lo tanto soy completamente agradable al Padre. (Romanos 5-.1)
5-6 El adicto a la aprobación	Para poder tener una buena opinión de mi mismo, tengo que recibir la aprobación de ciertas personas.	Miedo al rechazo, tratar de agradar a otros a cualquier precio, sensibilidad excesiva a la crítica, huir de otros para evitar la desaprobación.	**Reconciliación:** Significa que aunque en un tiempo fui hostil a Dios y estaba alejado de Él, ahora soy perdonado y he sido colocado en

			una relación intima con El. Consecuentemente soy totalmente aceptado por Dios. (Colosenses 1:21-22)
7-8 El juego de la culpa	Los que fracasan (incluido yo mismo), no son dignos de ser amados y merecen ser castigados.	El miedo al castigo, castigar a otros, culpar a otros por los fracasos personales, alejarse de Dios y de otros, compelido a evitar el fracaso.	**Propiciación:** Significa que por Su muerte en la cruz, Cristo satisfizo la ira de Dios. Por lo tanto soy profundamente amado por Dios. (1 Juan 4:9-11)
9-10 La vergüenza	Soy lo que soy. No puedo cambiar. Soy un caso perdido. No tengo esperanza.	Sentimientos de vergüenza, desesperanza, inferioridad, pasividad, perdida de creatividad, aislamiento, alejarse de los demás.	**Regeneración:** Significa que soy una nueva creación en Cristo. (Juan 3:3-6)

Capitulo 3

LA TRAMPA DEL COMPORTAMIENTO

PARA PODER TENER UNA BUENA OPINION DE MI MISMO, TENGO QUE CUMPLIR CON CIERTAS NORMAS

¿Por qué algunas veces podemos tolerar los fracasos de otras personas, pero no podemos tolerar los nuestros?

¿Si no podemos tolerar el fracaso, cuantas oportunidades en la vida dejaremos pasar sin aceptar el desafío?

¿Qué tan diferente sería tu vida si no tuvieras miedo a fracasar?

La mayoría no nos damos cuenta de lo mucho que nos ha engañado Satanás. Nos ha conducido ciegamente por una senda de destrucción, cautivos de nuestra incapacidad para vivir de acuerdo con nuestras normas en forma consecuente y esclavos de un amor propio pobre. Satanás nos ha atado con cadenas que nos impiden experimentar el amor, la libertad y los propósitos de Cristo. Pablo advierte en Colosenses 2:8:

> *Mirad que nadie os engañe por medio de filosofías y huecas sutilezas, según las tradiciones de los hombres, conforme a los rudimentos del mundo, y no según Cristo.*

De hecho hemos alcanzado la verdadera señal de madurez cuando empezamos a experimentar los pensamientos engañosos que nuestra mente a la luz de la Palabra de Dios. Ya no tenemos que vivir de acuerdo a nuestros pensamientos carnales; tenemos la mente de Cristo (1 Corintios 2:16). Por medio de su Espíritu, podemos desafiar el adoctrinamiento y las tradiciones que por tanto tiempo nos han mantenido presos de la culpa y la condenación. Entonces podemos reemplazar esas mentiras con las poderosas verdades de las Escrituras.

Una mentira primordial que todos tendemos a creer es que el éxito nos traerá satisfacción y felicidad. Una y otra vez hemos tratado de dar la medida, pensando que si pudiéramos alcanzar ciertas normas, nos sentiríamos bien acerca de nosotros mismos. Pero una y otra vez hemos fracasado y nos hemos sentido desdichados. Aun cuando tenemos éxito con cierta regularidad, el fracaso ocasional puede ser tan devastador que domina la percepción que tenemos de nosotros mismos.

Todos, consciente o inconscientemente, hemos experimentado el sentimiento de que tenemos que cumplir con ciertas normas arbitrarias a fin de lograr sentir que tenemos valor. Dejar de hacer amenaza nuestra seguridad y nuestro significado. Tal amenaza real o imaginaria, resulta en el miedo al fracaso. En este punto estamos aceptando la creencia falsa: *Para poder tener una buena opinión de mi mismo, tengo que cumplir con ciertas normas*. Cuando creemos esto, frecuentemente se refleja en nuestras actitudes y nuestro comportamiento la distorsión que Satanás hace de la verdad.

Por causa de nuestra singular personalidad, cada uno de nosotros reacciona de manera diferente a esta decepción. Como vimos en un capitulo anterior, algunos respondemos volviéndonos esclavos, esforzándonos incesantemente por alcanzar diversas metas.

Los perfeccionistas pueden ser muy vulnerables a serios desordenes de temperamento, y a menudo esperan el rechazo cuando creen que no han alcanzado las normas que tanto se han esforzado por lograr. Por lo mismo, los perfeccionistas tienen la tendencia de reaccionar defensivamente a la crítica y exigen dominar la mayoría de las situaciones que se encuentran. Ya que generalmente son más competentes que la mayoría de las personas, los perfeccionistas no ven nada malo en sus compulsiones. "Es solamente que me gusta hacer las cosas bien hechas", insisten. Ciertamente no hay nada inherentemente malo en hacer las cosas bien, el problema consiste en que por lo general los perfeccionistas basan el concepto de su valor propio en su capacidad en alcanzar una meta. Por tanto el fracaso constituye una amenaza y le es totalmente inaceptable.

Celia, esposa, madre y líder cívica, parecía ser una persona ideal a los ojos de todos lo que la conocían. Era perfeccionista. Su casa se veía perfecta, sus hijos inmaculados, y sus dotes como presidenta de la Auxiliar de Damas eran excelentes. En cada área de su vida, Celia siempre estaba en control, siempre tenía éxito. Sin embargo, cualquier desviación del curso que había trazado, podía producir un tremendo alboroto. Cuando otros no cumplían con cada exigencia suya, su condenación era rápida y cruel.

Un día, su esposo decidió que ya no podía aguantar más la conducta hipócrita de Celia. Quería una esposa comprensiva con quien hablar y compartir, no una perfeccionista egocéntrica. Más tarde sus amigos no pudieron entender por qué decidió dejar a su esposa, que parecía ser perfecta.

Así como Celia, muchas personas quieren lograr el éxito cueste lo que cueste, se exigen más allá de lo saludable. Raras veces pueden reposar y disfrutar de la vida, y dejan que sus familias y sus relaciones con otras personas sufran cuando se esfuerzan por alcanzar metas que frecuentemente no son realistas.

Por otro lado la misma creencia falsa (*para poder tener una buena opinión de mi mismo, tengo que cumplir con ciertas normas*) que empuja a muchos al perfeccionismo, arroja a otros en un pozo de depresión. Raras veces esperan lograr algo o tener buena opinión de sí mismos. Por causa de sus fracasos en el pasado, son prontos para interpretar los fracasos actuales como un reflejo correcto de su inutilidad. Temiendo más fracaso, a menudo se desalientan y dejan de esforzarse.

Finalmente la presión de tener que alcanzar normas autoimpuestas a fin de tener una buena opinión de nosotros mismos, puede resultar en una vida dominada por reglas. Frecuentemente los individuos que caen en esta trampa, tiene un conjunto de reglamentos para la mayoría de las situaciones de la vida, y continuamente enfocan su atención en su rendimiento y su capacidad para cumplir con su horario. Benito, por ejemplo, hacia una lista diaria de lo que podía lograr si todo caminaba a perfección. Siempre estaba un poco tenso porque quería usar eficientemente cada momento a fin de alcanzar sus metas. Si las cosas no le iban bien, o si alguien ocupaba demasiado su tiempo, Benito se enojaba. El uso eficiente y efectivo de su tiempo era su manera de alcanzar la satisfacción, pero se sentía desdichado. Se sentía compelido constantemente a hacer más, pero lo mejor que podía hacer nunca era suficiente para satisfacerlo.

Benito creía que alcanzar metas y hacer uso eficiente de su tiempo era lo que el Señor quería que hiciera. Debido a la tensión, a veces pensaba que *algo* no estaba del todo bien, pero su solución consistía en esforzarse más, hacer mejor uso de su tiempo, y ser más rígido en el cumplimiento de las reglas autoimpuestas.

El enfoque de Benito estaba mal dirigido. El enfoque de la vida cristiana debe estar en Cristo, no es reglamentos autoimpuestos. La manera en que experimentamos el señorío de Cristo depende de la atención que prestemos a cada momento de su instrucción, no al horario que hemos establecido nosotros mismos.

Tal como lo demuestran estos casos, la creencia falsa de que *para poder tener una buena opinión de mi mismo, tengo que cumplir con ciertas normas*, resulta en el miedo a fracasar. ¿Hasta dónde estás afectado tú por esa creencia? Toma la siguiente prueba para determinar cuánto temes al fracaso.

LA PRUEBA DEL TEMOR AL FRACASO

Lee cada una de las siguientes declaraciones; luego escoge de la parte superior el término que mejor describe tu respuesta. Pon en el espacio al lado de la declaración el número que te corresponde.

1	2	3	4	5	6	7
Siempre	Con mucha frecuencia	A menudo	A veces	Raras veces	Muy raras veces	Nunca

_6_ 1. Debido al miedo, frecuentemente evito participar en ciertas actividades.
_4_ 2. Cuando siento que podría fracasar en alguna área importante, me siento nervioso y perturbado.
_3_ 3. Me preocupo.
_5_ 4. Sufro angustia inexplicable.
_5_ 5. Soy perfeccionista.
_4_ 6. Me siento obligado a justificar mis errores.
_3_ 7. Hay ciertas áreas en que me siento que tengo que alcanzar éxito.
_5_ 8. Me deprimo cuando fracaso.
_5_ 9. Me enojo con las personas que interfieren con mis esfuerzos por alcanzar el éxito y, como resultado, me hacen aparecer como incompetente.
_5_ 10. Me critico a mi mismo.
_40_ Total. (Suma los números que has colocado en los espacios)

Interpretación del resultado

Si tu total es…

57-70
Parece que Dios te ha dado un fuerte aprecio de su amor y aceptación incondicionales. Parece que estas libre del temor al fracaso que atormenta a la mayoría de las personas. (Algunas personas que alcanzan este total o están demasiado engañadas o se han vuelto insensibles a sus emociones como manera de suprimir el dolor.)

47-56
Son raras las veces que el miedo de fracasar controla tus respuestas, o solamente en ciertas situaciones. De nuevo las únicas excepciones importantes son aquellas personas que no son sinceras consigo mismas.

37-46
Cuando tienes problemas emocionales pueden relacionarse con un sentido de fracaso o con alguna forma de crítica. Después de pensarlo, probablemente relacionarás muchas de tus decisiones anteriores con este miedo. También muchas de tus decisiones futuras serán afectadas por el temor al fracaso, a menos que tomes una acción decisiva para vencerlo.

27-36
El temor al fracaso condiciona tu vida. Probablemente son pocos los días en que no estés afectado de alguna manera por este miedo. Desafortunadamente, esto te quita el gozo y la paz que tu salvación debe traerle.

0-26
Las experiencias de fracaso dominan tu memoria y probablemente te han causado mucha depresión. Estos problemas seguirán hasta que se tome alguna acción definitiva. En otras palabras, la condición no desaparecerá por sí sola; el tiempo solo no puede quitar el dolor. Necesitas experimentar sanidad profunda en relación con tu concepto de tí mismo, tu relación con Dios y con otras personas.

LOS EFECTOS DEL TEMOR AL FRACASO

El temor al fracaso puede afectar nuestras vidas de muchas maneras. La lista que sigue no constituye una discusión exhaustiva de los problemas resultantes, ni tampoco sugiere que los problemas se deben únicamente al miedo a fracasar. Sin embargo, reconocer y confrontar el temor al fracaso en cada una de estas experiencias podría resultar en cambios dramáticos.

Perfeccionismo

Uno de los síntomas más comunes del temor al fracaso es el perfeccionismo, una renuencia a fracasar. Esta tendencia sofoca el gozo y la creatividad. Ya que cualquier fracaso se percibe como una amenaza a nuestro amor propio, desarrollamos una propensión a enfocar nuestra atención solamente en el área donde hemos fracasado, más que en aquellas donde hemos triunfado. Las área en que frecuentemente tendemos a ser perfeccionistas incluyen el trabajo, la puntualidad, la limpieza de la casa, nuestra apariencia, pasatiempo favorito y habilidades. ¡Casi cualquier cosa y todas las cosas! A menudo pareciera que los perfeccionistas son sumamente motivados, pero generalmente su motivación viene de un esfuerzo desesperado por evitar el sentirse disminuidos como resultado de algún fracaso.

Los perfeccionistas a menudo son sumamente apreciados porque puede contarse con ellos para realizar trabajos de una manera concienzuda, y muchas veces se saca ventaja de ellos por esta misma característica.

Evitar riesgos

Otro resultado muy común del temor al fracaso es la disposición de participar solamente en aquellas actividades que uno puede hacer bien. Se evitan actividades nuevas y desafiantes, porque el riesgo al fracaso es demasiado grande. El evitar riesgos puede parecer cómodo, pero hacerlo limita severamente el alcance de nuestra creatividad, expresión propia y servicio a Dios.

Era el último año de colegio para Daniel y se encontraba en las finales de la carrera del Estado. Daniel nunca había corrido tan rápido en su vida y se suponía que no lograría estar en las finales, pero lo estaba. ¡Qué gran oportunidad! Cerca de la línea final de una carrera, Daniel estaba cerca de los primeros corredores. De repente empezó a cojear. Ahora, muchos años después, Daniel se pregunta si realmente fue una lesión o un dolor utilizado como excusa para no intentar llegar al final de la carrera. Se cuestiona si esta oportunidad que dejó pasar fue por temor a intentar y luego fracasar.

Mucho más serio que una carrera, es la experiencia de muchos padres quienes tratan de persuadir a sus hijos en cuanto a esforzarse más, sin darse cuenta que los niños no se arriesgan a intentarlo porque entonces él o ella no tendría excusa si fracasa. En el servicio cristiano nacional para el cuidado de la mente, en los tratamientos para adolecentes se han observado muchos cambios importantes en los pacientes. Mucho de los adolecentes que han venido al tratamiento, han experimentado un ambiente estable y fueron retados a alcanzar resultados académicos. (Fueron a la escuela del servicio nacional). Fue la primera vez en muchos años que reconocieron que todavía podían tener éxito en la escuela.

Tenemos mucho potencial que no reconocemos porque queremos evitar el riesgo de fracasar. Un amigo cercano de la niñez, aceptó un trabajo muy por debajo de sus capacidades y siempre quise saber por qué, hasta que llegué a entender el concepto del evitar los riesgos, que viene del temor al fracaso.

En muchas áreas de nuestras vidas y en muchas maneras, evitamos inclusive el intentar alcanzar el éxito porque no queremos experimentar el dolor del fracaso si no logramos el éxito.

Ira y Resentimiento

Cuando fracasamos, cuando otros contribuyen a nuestro fracaso, o cuando nos sentimos heridos o insultados de alguna manera, la ira es una respuesta normal. ¿Cuál es la reacción común cuando nos damos cuenta que hemos fracasado? Buscamos a alguien para culpar. Creyéndonos disminuidos por el fracaso, tratamos de echar la culpa por nuestro fracaso en alguien más. Entonces, por supuesto la ira y el resentimiento empiezan. Contesta la siguiente pregunta: ¿Con la gente que sientes ira, cuántos de ellos están asociados con algún fracaso acerca del cual te sientes mal?

La ansiedad y el miedo al fracaso son a menudo una fuente de auto condenación y la desaprobación de otros, los cuales son golpes severos a la autoestima basada en el éxito personal y la aprobación de otros. Si el fracaso es lo suficientemente grande u ocurre a menudo, puede convertirse en un concepto propio negativo en el cual esperamos fallar en cualquier cosa que nos propongamos hacer. Este concepto negativo nos lleva a un círculo vicioso de ansiedad acerca de nuestro comportamiento y el temor de no ser aprobado por otros.

Para muchos de nosotros, la vida es como caminar a través de una casa oscura sin ningún tipo de iluminación. No sabes en qué momento tropezarás, pero la razón te dice que muy pronto. Lo mismo sucede con el fracaso. No hay camino para evitar experimentar el fracaso. Si esta experiencia reduce tu sentido de valor propio, entonces con el fracaso vendrá el dolor. La próxima vez que experimentes ansiedad, pregúntate que fracaso piensas que está por venir.

Orgullo

Cuando basamos el valor propio en nuestro comportamiento y alcanzamos el éxito, generalmente desarrollamos un concepto inflado de nosotros mismos: orgullo. Algunos podemos persistir en esta auto exaltación a través de cualquier circunstancia. Para la mayoría, sin embargo, este sentido de autoestima dura solamente hasta el siguiente fracaso. La confianza en nosotros mismos, que la mayoría tratamos de exhibir, es solamente una fachada para ocultar nuestro miedo de fracasar y nuestra inseguridad.

Depresión

Generalmente la depresión es el resultado de la ira dirigida hacia nosotros mismos y/o un profundo sentimiento de pérdida. La experiencia del fracaso y el miedo de fracasar nuevamente puede llevar a una profunda depresión. Una vez deprimidos, muchos se paralizan emocionalmente y se vuelven pasivos en su manera de actuar, creyendo que no hay esperanza de cambio. En ocasiones las personas deprimidas también pueden exhibir arranques de ira que resultan del fracaso. Por general la depresión es la manera en que el cuerpo bloquea el dolor psicológico, adormeciendo las funciones físicas y emocionales.

Baja motivación

Mucho de lo que se considera baja motivación o pereza, es en realidad desesperanza. Si las personas creen que van a fracasar, no tienen razón para hacer ningún esfuerzo. El dolor que les causa su pasividad, parece ser relativamente menor y aceptable en comparación con la agonía de esforzarse sinceramente y fracasar.

Disfunción sexual

El trauma emocional que causa el fracaso puede producir trastornos en la actividad sexual. Por eso, en lugar de exponerse al pesar por el dolor de fracasar sexualmente, muchos tienden a evitar el sexo totalmente.

Dependencia química

Muchas personas tratan de aliviar su dolor y miedo a fracasar usando drogas o alcohol. Aquellas que abusan del alcohol frecuentemente lo hacen con la idea equivocada de que aumentará su nivel de funcionamiento, aumento así su capacidad de alcanzar el éxito. Sin embargo, el alcohol es un sedante y en realidad disminuye la capacidad de funcionamiento de la persona que lo usa.

También con frecuencia se usan estimulantes para aumentar la productividad. Los que usan estas drogas, tienen a aumentar cada vez más la dosis hasta convertirse en adictos. Esto es porque los procesos fisiológicos naturales agotan los recursos del cuerpo durante las parrandas con las drogas, de tal manera que cuando pasa el efecto del estimulante, las personas se derrumban y no pueden encarar ninguna circunstancia sin él.

Tomar un trago, tal como jugar tenis, correr, ver una película o leer un libro, puede ser una manera placentera de escapar temporalmente. El problema es que las sustancias químicas son adictivas y frecuentemente se abusa de ellas. Lo que puede haber empezado como un placentero escape temporal, o como un esfuerzo por deshacerse de la presión para funcionar al máximo, termina con la desesperación al reconocer una incapacidad de funcionar sin la sustancia. Para aquellos que se encuentran atrapados por la dependencia química, este ciclo de dolor-placer continua consumiendo paulatinamente la vida de su víctima..

Debido a su efecto eufórico, el alcohol o las drogas proporcionarnos la ilusión de que estamos en la cima del mundo. Pero el éxito, o la idea del éxito, no importa cómo se logre, no puede determinar nuestro concepto de autoestima.

En el caso de las sustancias químicas, las personas que usan cocaína proporcionan un claro ejemplo de esta verdad. Una de las razones principales de la popularidad de la cocaína es su capacidad para producir sentimientos de una mayor autoestima. Sin embargo es interesante notar que muchas personas sumamente exitosas utilizan esta droga. Si en realidad el éxito proveyera un mayor sentido de autoestima, probablemente estas personas no querrían ni siquiera comprar la droga.

Adicción al éxito

Cuando le preguntaron a J. Paul Getty cuánto dinero se necesita para estar feliz, el contestó: "Solo un poco más de lo que ya tienes". "*Solo un poco más*" es el motor que mueve a muchas personas a alcanzar el éxito. El éxito puede ser una experiencia maravillosa, a no ser que sientas esclavizado al tener que alcanzarlo. El éxito de hoy no dura más allá de pasada la media noche. Mañana vas a tener que lograrlo nuevamente. Siempre hay una carrera más para alcanzar. Mi amigo Curt Dodd, dejó de pastorear una iglesia en Houston, Texas, para pastorear una en Pueblo, Colorado. He contado su historia a varios amigos en el Ministerio y en otros lados. Estaban seguros que nadie quisiera pasar de pastorear una iglesia grande a empezar una nueva, especialmente en Pueblo, a no ser que algo andara mal en la iglesia anterior. Yo les aseguraba una y otra vez que Curt había hecho esto porque Dios directamente se lo había pedido. La falta de entendimiento de parte de mis amigos revela mucho acerca de nuestra preocupación general con el éxito. La verdad es que el verdadero éxito no se mide por cosas externas (como tener una iglesia grande) sino por nuestra obediencia a Dios.

Nuestra identidad enredada con el éxito

Muchos creen que el éxito no tiene sentido si otras personas no se dan cuenta de ello. Existen dos extremos en cuanto al éxito. Algunas personas, a través de sus bienes y estilo de vida, tratan de hacer que los demás sepan que han alcanzado el éxito. Otras consideran que no pueden aprovechar los frutos de su éxito y creen que cualquiera que lo hace está equivocado.

Años atrás, necesité ver a tres personas en tres localidades diferentes en Los Ángeles. Si salía de Houston a las 5.00am, podría alcanzar a verlos a los tres, tomar el último vuelo y estar de regreso en casa a la 1.00am de la mañana siguiente. Así también podría llevar a mis niños a la escuela. La única manera de alcanzar esto fue utilizando un servicio de carro en Los Ángeles. El servicio nos proveyó una limosina, aunque no habíamos pedido una limosina. Solo necesitábamos transporte.

Todo iba muy bien hasta que llegué a las oficinas de uno de los ministerios cristianos más grandes que existe. Casualmente su Presidente estaba en la ventana viendo cuando me bajaba de esta limosina. El estaba seguro que yo era un extravagante derrochador, y después de esto él no quería saber nada de mi Ministerio. Todavía él tiene esta actitud, a pesar de lo mucho que ha hecho nuestro Ministerio para ayudar a personas necesitadas emocional y espiritualmente.

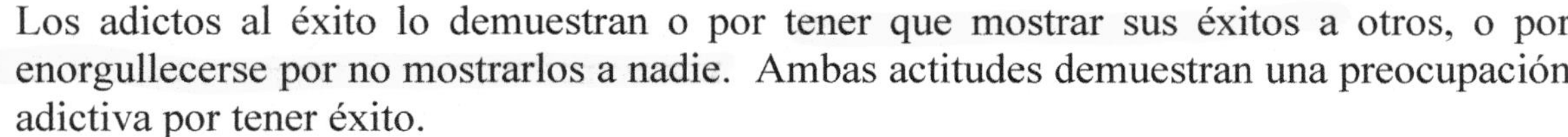

Los adictos al éxito lo demuestran o por tener que mostrar sus éxitos a otros, o por enorgullecerse por no mostrarlos a nadie. Ambas actitudes demuestran una preocupación adictiva por tener éxito.

Sentido de desesperación

Después de varios fracasos, tú puedes fácilmente empezar a dudar acerca de tu habilidad para tomar una buena decisión. Sin embargo, la mayoría de los que han tenido éxito han tenido que enfrentarse con la realidad de sus propios fracasos y errores. Si decides que nunca vayas a cometer un error, esta actitud te paraliza.

Ira hacia nosotros y Dios

No hay nada peor que tener ira y odio con uno mismo. Desafortunadamente tu ira no se limita a ti mismo, sino que se dirige a Dios también. Esto te hace sentir muy solo, y lo que produce es una destrucción de la esperanza en recibir algo de parte de Dios. Dios quiere y está preparado para ayudarte, pero tu ira no te deja recibir la ayuda.

Mientras funcionamos de acuerdo con las mentiras de Satanás, somos susceptibles al temor al fracaso. Nuestra experiencia personal en relación con este temor es determinada por la diferencia entre nuestras normas de comportamiento y nuestra habilidad para cumplirlas..

Aunque todos sentimos el temor al fracaso hasta cierto punto, debemos reconocer que como cristianos tenemos el poder provisto por el Espíritu Santo para poner a un lado las maneras engañosas de pensar y para que nuestras mentes sean renovadas por la verdad de la palabra de Dios (Romanos 12:2; Efesios 4:21-25). Para bien nuestro, a menudo Dios nos deja experimentar circunstancias que nos permiten reconocer nuestra ciega adherencia a los engaños de Satanás. Muchas veces estas circunstancias parecen ser muy negativas, pero por medio de ellas podemos aprender verdades valiosas que cambian nuestras vidas. En el Salmo 107:33-36 vemos un ejemplo poético de esto:

El convierte los ríos en desierto,
Y los manantiales de las aguas en sequedales;
La tierra fructífera en estéril,
Por la maldad de los que la habitan.
Vuelve el desierto en estanques de aguas,
Y la tierra seca en manantiales.
Allí establece a los hambrientos,
Y fundan ciudad en donde vivir.

¿Se ha vuelto estéril tu tierra fructífera? Tal vez Dios está procurando tu atención a fin de enseñarte una lección de tremenda importancia: que el éxito o el fracaso no ha de ser la base de tu concepto de valor propio. Quizás la única manera en tu puedas aprender esta lección es experimentando el dolor del fracaso. En Su gran amor, Dios nos conduce a través de experiencias que son difíciles, pero que son esenciales para nuestro crecimiento y desarrollo.

Cuanto más sensible te vuelves al miedo a fracasar y los problemas que pueda causar, más comprenderás tu propio comportamiento y el de los demás.

Capitulo 4

LA RESPUESTA DE DIOS: JUSTIFICACION

¿Cuándo Dios te ve, lo hace de una manera engañada o realmente sabe realmente quién eres?

¿Si realmente sabe quién somos, entonces por qué usamos frases como: "Ante los ojos de Dios somos justificados" o "perdonados" o "amados" o "agradables" y cosas así? "Ante los ojos de Dios" implica que El nos ve de una manera distinta de lo que realmente somos. Jugar con palabras de esta manera no nos permite experimentar la realidad de quienes somos. También deshonra lo que Dios es. ¿Estamos tratando de decir que Dios no conoce nuestra realidad? ¿Qué de alguna manera está envuelto en decepción propia? ¿Es El solo un viejo abuelo que pasa por alto los errores de sus nietos? O realmente Dios sabe quien eres, o no lo sabe. Y la verdad es que si, nos conoce. .

La segunda pregunta es: Si piensas sobre quién eres de una manera diferente a la que Dios piensa, quien está equivocado, tú o Dios?. Que tan seguido dejamos a nuestras mentes invalidar lo que Dios dice que es la verdad? Ten en mente que fuiste creado para Dios y por Dios. El ha puesto, dentro de ti, necesidades que solo El puede satisfacer. Si tratamos de satisfacer estas necesidades a través de otras personas, vamos a terminar frustrados, enojados, y vacios.

Considera esto: ¿Con quién hablas tú la mayor parte de tu tiempo? Contigo mismo. (Verbalmente o en tus adentros). ¿Qué es lo que más hablas contigo mismo? De ti mismo, por supuesto. ¿Cuál es el principal tema del que hablas contigo mismo? La mayor parte del tiempo tú piensas acerca de qué tan bien haces las cosas, basado en tu comportamiento y las opiniones que otros tienen de ti. Cuantas veces en tu vida tú utilizas la formula:

Valor propio = Comportamiento + Opiniones de otros.

Cuando tú utilizas esta fórmula, estás juzgándote a ti mismo basado en una mentira de Satanás diseñada para esclavizarte en la trampa del comportamiento.

¡Afortunadamente, Dios ha borrado totalmente dicha fórmula! Dios nos ha dado valor propio seguro, totalmente aparte de nuestra habilidad de comportamiento. Hemos sido *justificados* y colocados en una posición correcta ante Dios a través de la muerte de Cristo en la cruz, la cual pagó por nuestros pecados. Pero Dios no paró con nuestro perdón, además nos regaló la virtud de Cristo. (2 corintios 5:21).

Visualiza dos libros. En uno hay una lista de todos tus pecados. En el otro, la virtud, o sea, la justicia de Cristo, la justificación de Cristo. Ahora cambia tu libro por el de Cristo.

Esto ejemplifica la justificación (nuestros pecados transferidos a Cristo, y Su virtud a nosotros). En 2 Corintios 5:21, Pablo escribió:

> *Al que no conoció pecado, por nosotros lo hizo pecado, para que nosotros fuésemos hechos justicia de Dios en él.*

Una vez escuche en la radio a un predicador reprender a su congregación por sus pecados ocultos. El exclamó: "¿No saben que algún día van a morir y Dios va a mostrar todos sus pecados en una pantalla gigante en el cielo para que todo el mundo los vea?". ¡Que trágica la manera en que este ministro malentendía el regalo misericordioso de la justificación que Dios nos da!

La justificación no lleva consigo ninguna culpa, y no tiene memoria de las trasgresiones pasadas. Cristo pagó por todos nuestros pecados en la cruz –pasados, presentes y futuros. Hebreos 10:17 dice: "*Y nunca más me acordaré de sus pecados y transgresiones*". ¡Somos completamente perdonados por Dios!

Así como es de maravillosa, la justificación significa más que perdón de pecados. En el mismo acto de amor, a través del cual Dios perdonó nuestros pecados, el también proveyó para nuestra virtud, el merito de estar en la presencia de Dios. Dándonos esa *justificación:* el ser dignos de estar en Su presencia. Al imputarnos la justificación de Cristo, Dios nos atribuye la dignidad de Cristo. Dios nos ha hecho justos igual como Jesucristo. En el momento en que aceptamos a Cristo, Dios declara que ya no somos pecadores condenados. En lugar de eso, somos perdonados, recibimos la justificación de Cristo y somos criaturas complemente agradables a Dios.

Dios quiso que Adán y sus descendientes fueran personas justas, experimentado plenamente Su amor y Sus propósitos eternos. El pecado hizo un cortocircuito con esa relación, pero el pago perfecto de Jesús por el pecado ha hecho que la ira de Dios haya sido satisfecha, permitiéndonos de nuevo tener una posición justificada y deleitarnos en conocer y honrar al Señor.

Dios desea que los que hemos sido redimidos, vivamos las realidades de Su redención. Somos perdonados y justificados gracias al sacrificio de Cristo; de esta manera, somos agradables a Dios a pesar de nuestros fracasos. Esta realidad puede reemplazar el miedo a fracasar con paz, esperanza y gozo. El fracaso no necesita ser una carga en nuestra espalda. Ni el éxito ni el fracaso es la base apropiada de nuestro valor propio. Solo Cristo es la fuente de nuestro perdón, libertad, gozo y propósito.

Dios trabaja por "*fiat*", es decir, puede crear algo de la nada simplemente por el solo hecho de declararlo. Dios habló y el mundo fue formado. El dijo: "*Sea la luz*" y la luz fue hecha. La tierra ya no está vacía porque Dios soberanamente creó su abundancia. En el mismo sentido, nosotros *estábamos* condenados pero *ahora* hemos sido declarados justos. Romanos 5:1, se refiere a nosotros como *justificados por la fe*, una declaración presentada en el tiempo pasado perfecto. Por consiguiente, si hemos confiado en Cristo por nuestra salvación, cada uno de nosotros puede decir con certeza: "Soy completamente perdonado y totalmente agradable a Dios".

Algunas personas tienen dificultades al pensar sobre sí mismas como agradables ante Dios, porque relacionan el ser agradable con el comportamiento. Ellos tienden a sentirse descontentos con cualquier cosa no perfecta en ellos mismos y sospechan que Dios utiliza el mismo estándar.

El punto de la justificación es que nunca podemos alcanzar la perfección en esta tierra, hasta nuestros mejores esfuerzos en justificarnos nosotros mismos ante Dios, son como *trapos de inmundicia* para Dios. (Isaías 64:6). Sin embargo, nos ama tanto que designó a su Hijo para pagar por nuestros pecados y darnos su propia justificación, su perfecto estatus delante del Padre Dios.

Esto no significa que nuestras acciones son irrelevantes y que podemos pecar todo lo que queramos. Nuestras acciones, palabras y actitudes pecaminosas entristecen al Señor, pero nuestro estatus como hijos santos y amados se mantiene intacto. En su amor, El nos disciplina y nos anima a vivir vidas santas, tanto para nuestro bien como para el honor de El.

El Apóstol Pablo estaba tan enamorado del perdón y justificación en Cristo, que estaba intensamente motivado a agradar a Dios con sus acciones y hechos. En 1 Corintios 6:19-20; 2 Corintios 5:9, Filipenses 3:8-11 y otros pasajes, Pablo expresó firmemente su deseo de agradar, honrar y glorificar al Único que lo había hecho justo.

Si sabemos quiénes somos, no vamos a tratar de convertirnos en alguien más, buscando tener el valor y el significado en nuestras vidas. Si no sabemos quiénes somos, trataremos de convertirnos en alguien que otros más quieran que seamos.

POSIBLES OBSTACULOS PARA RECIBIR ESTA VERDAD

Tan maravilloso como es el ser agradable a Dios, con la paz y gozo que esto puede traer a nuestras vidas, cuáles son nuestros obstáculos internos que no nos permiten apropiarnos de esta realidad?

Adicción a la aprobación de los demás

Dado que otras personas pueden darnos su aprobación cuando somos exitosos, y porque somos adictos a obtener esa aprobación, normalmente no queremos vivir solo con la aprobación que Cristo provee para nosotros. No es que nosotros no debemos disfrutar de la aprobación de otros. El problema es cuando necesitamos de esa aprobación para poder vivir en paz y gozo. (Esto lo vamos a cubrir en el siguiente capítulo).

Nuestros puntos fuertes siempre luchan en contra de la dependencia a Dios. Es doloroso considerar que tenemos orgullo de nosotros mismos. Tampoco nos gusta darnos cuenta que hemos estado despreciando a alguien más porque lo hemos superado. Pero el punto es que existen tiempos en que disfrutamos nuestro éxito hasta el punto que no queremos vivir nuestras vidas basados en lo que Dios ha hecho por nosotros. Hasta despreciamos a aquellos que han fracasado y nos consideramos superiores a esos fracasos. He conocido a muchas mujeres cristianas que han tenido que superar la tragedia de un divorcio. Sin embargo, la lucha más grande que han tenido, ha sido que antes, fueron demasiado criticas con otras mujeres que habían atravesado por un divorcio. Ellas a menudo contaban a otras como se sentían con respecto a estas mujeres divorciadas. Ellas consideraban a estas mujeres como fracasadas y ahora se consideraban a sí mismas de igual manera.

Este es un buen ejemplo de cómo siempre tendremos la oportunidad de caminar en la misma condenación y juicio que hemos establecido hacia otros. La próxima vez que seas tentando a despreciar a alguien, ten presente que podrías atravesar esa misma situación y experiencia.

Sentido de desesperanza

El sentido de desesperanza puede llevarnos a depender de Dios o llevarnos a la pasividad. Nunca conoceremos la victoria que Dios tiene para nosotros cuando somos pasivos. El camino de Dios para nosotros es que cooperemos activamente con El.

Deseo de vivir la vida con alguna formula

Algunos de nosotros solamente conocemos nuestra fe como una serie de reglas y pasos. A fin de experimentar lo que Dios nos ha proveído a través de la justificación, debemos recibirla a través de una relación directa con El y no mediante algún ritual.

Necesidad de controlar

Muchos de nosotros tenemos un sistema de prioridades que en alguna manera va así: Aire, agua, comida, control. Nos cuesta mucho no tener el control. Sin embargo, si vamos a basar nuestro valor en lo que Cristo hizo por nosotros, entonces vamos a sentir que perdemos el control. Probablemente sea este un obstáculo mayor de lo que anticipemos. Varios años atrás, yo estuve luchando con varias cosas. Estaba muy molesto con Dios por haber permitido que estas cosas se manifestaran. Le dije a Dios: "No quiero tener que confiar en Ti en estas cosas. ¿Por qué está pasando esto?". Dios me contestó: "¿Entonces, en quién quieres confiar?". No me tomó mucho tiempo confesar que estaba feliz que El estuviera ahí para confiar en El, por seguro, El era el Unico en mi vida quien era absolutamente digno de confianza. Esto me dio una gran motivación para obedecer.

Una vez más, nunca alcanzaremos la perfección en esta tierra; sin embargo, somos justificados por la virtud de Cristo. Algunas personas pueden leer declaraciones acerca de la justificación y sentirse incómodos creyendo que estoy pasando por alto la gravedad del pecado. Como podrás ver, no estoy minimizando la naturaleza destructiva del pecado, pero simplemente intento de elevar nuestra perspectiva sobre los resultados del pago de

Cristo en la cruz. Entender que somos completamente perdonados y aceptados por Dios, no promueve una actitud casual ante el pecado. Al contrario, esto nos da un deseo más grande de vivir para Dios y servir al Único que murió por nosotros para hacernos libres del pecado. Demos una mirada a algunas razones poderosas para obedecer y servir a Dios con gozo.

RAZONES PARA OBEDECER

El amor de Dios y su aceptación de nosotros se basan en la gracia, su favor inmerecido. No se basa en nuestra capacidad de impresionar a Dios por medio de nuestras buenas obras. Pero si somos aceptados sobre la base de su gracia y no de nuestras obras, ¿por qué debemos obedecer a Dios? Aquí hay seis razones de peso para obedecerle:

1. El amor de Cristo

La comprensión de la gracia de Dios nos constriñe a la acción porque el amor nos motiva a agradar a aquel que nos ha amado tan generosamente. Cuando experimentamos el amor, por lo general respondemos tratando de expresar nuestro amor a cambio. Nuestra obediencia a Dios es una expresión del amor que tenemos (Juan 14:15,21), que viene de la comprensión de lo que Cristo ha consumado por nosotros en la cruz (2 Corintios 5:14-15). Le amamos porque El nos amó primero y demostró claramente su amor por nosotros en la cruz. (1 Juan 4:16-19). Comprender esto nos motivará mucho a servirle.

Este gran factor motivador falta en muchas vidas porque no creemos en realidad que Dios nos ama incondicionalmente. Esperamos que su amo sea condicional, basado en nuestra capacidad para merecerlo.

Nuestra experiencia del amor de Dios se basa en nuestra percepción. Si creemos que El es exigente o está alejado, no podremos recibir su amor y ternura. A cambio, le tendremos miedo o estaremos enojados con El. A menudo las percepciones defectuosas de Dios nos impulsan a rebelarnos contra El.

La imagen que tenemos de Dios es la base para toda nuestra motivación. A medida que crecemos en nuestra comprensión de Su amor y aceptación incondicionales, podremos entender mejor que su disciplina está motivada por su solicitud, no por crueldad. También seremos cada vez más capaces de percibir el contraste entre el gozo de vivir por Cristo y la naturaleza destructiva del pecado. Nos sentiremos motivados a buscar recompensas eternas donde *ni la polilla ni el oxido corrompen* (Mateo 6:20). Y desearemos que nuestras vidas traigan honor al que nos ama tanto.

2. El pecado es destructivo

Satanás ha tenido éxito en cegar al hombre para que no vea las consecuencias dolorosas y dañinas del pecado. Los efectos del pecado nos rodean por todos lados, pero muchos siguen entregándose al sexo, la búsqueda de posición y placer, y el egocentrismo desenfrenado que causan tanta angustia y dolor. Satanás contradijo a Dios en el huerto del Edén cuando afirmó: "*¡No moriréis!*" (Génesis 3:4). El pecado es placentero, pero solo por un tiempo. Tarde o temprano resulta en alguna forma de destrucción.

El pecado destruye de muchas maneras. Emocionalmente, podemos sentir el dolor de la culpa y la vergüenza, y el temor al fracaso y al castigo. Mentalmente, podemos experimentar la angustia de recuerdos retrospectivos. También podemos gastar mucho tiempo y energía pensando en nuestros pecados y racionalizando nuestra culpa. Físicamente, podemos sufrir de enfermedades sicosomáticas o experimentar dolor por el abuso físico. El pecado puede traer también la perdida de propiedad, o aún la perdida de la vida. Relacionalmente, podemos alejarnos de otros. Espiritualmente, entristecemos al Espíritu Santo, perdemos nuestro testimonio y rompemos nuestro compañerismo con Dios. Los efectos dolorosos y destructivos del pecado son tan profundos que es un misterio el hecho que no le tengamos aversión.

3. La disciplina del Padre

Nuestro Padre amoroso nos ha dado el Espíritu Santo para convencernos de pecado. La convicción es una forma de la disciplina de Dios y sirve como prueba de que hemos llegado a ser hijos de Dios (Hebreos 12:5-11). Nos advierte que estamos haciendo elecciones sin tomar en cuenta la verdad de Dios o las consecuencias del pecado. Si escogemos estar insensibles al Espíritu Santo, nuestro Padre celestial nos disciplinará con amor. Mucha gente no entiende la diferencia entre la disciplina y el castigo. La tabla que sigue ilustra sus profundos contrastes:

	Castigo	**Disciplina**
Fuente	La ira de Dios	El amor de Dios
Propósito	Vengar un mal	Corregir un mal
Resultado relacional	Separación	Reconciliación
Resultado general	Culpa	Un estilo de vida justo
Dirigido hacia	Los incrédulos	Sus hijos

Jesús llevó en la cruz todo el castigo que nosotros merecíamos, por lo tanto, ya no necesitamos temer que Dios nos castigue por nuestros pecados. Debemos tratar de hacer lo justo para que nuestro Padre no tenga que corregirnos por medio de Su disciplina, pero cuando somos disciplinados, debemos recordar que Dios nos está corrigiendo con amor. Esta disciplina nos conduce a una actuación justa, un reflejo de la justicia de Cristo en nosotros.

4. Sus mandatos para nosotros son buenos

Dios nos da sus mandamientos con dos propósitos buenos: protegernos de lo destructivo del pecado y guiarnos a una vida gozosa y fructífera. Tenemos una perspectiva equivocada si consideramos los mandamientos de Dios solamente como restricciones para nuestra vida. En lugar de ello, tenemos que reconocer que Sus mandamientos son pautas, dadas para que gocemos la vida al máximo. Los mandamientos de Dios nunca deben considerarse como un medio para ganar Su aprobación.

En la sociedad actual hemos perdido el concepto de hacer algo sólo porque es lo correcto. En su lugar, hacemos cosas a cambio de alguna recompensa o favor, o para evitar el castigo. ¿No sería novedoso hacer algo sencillamente porque es lo correcto? Los mandatos de Dios son santos, justos y buenos, y el Espíritu Santo nos da la sabiduría y la fuerza para poder cumplirlos. Por lo tanto, dado que tienen valor en sí mismos, podemos elegir obedecer a Dios y seguir sus mandatos.

5. Recompensas eternas

Otra razón convincente para vivir para la gloria de Dios es el hecho de que recibiremos recompensa en el cielo por nuestro servicio a Él. Dos pasajes ilustran este hecho claramente:

> *Porque es necesario que todos nosotros comparezcamos ante el tribunal de Cristo, para que cada uno reciba según lo que haya hecho por medio del cuerpo, sea bueno o malo. (2 Corintios 5:10).*
> *Si alguien edifica sobre este fundamento con oro, plata, piedras preciosas, madera, heno u hojarasca, la obra de cada uno será evidente, pues el día la dejará manifiesta. Porque por el fuego será revelada; y a la obra de cada uno, sea la que sea, el fuego la probará. Si permanece la obra que alguien ha edificado sobre el fundamento, él recibirá recompensa. Si la obra de alguien es quemada, él sufrirá pérdida; aunque él mismo será salvo, pero apenas, como por fuego. (1 Corintios 3:12-15)*

Por medio del pago que Cristo hizo por nosotros en la cruz, nos hemos escapado del juicio eterno, sin embargo, nuestros hechos serán juzgados en el tribunal de Cristo. Allí nuestra actuación será evaluada y se presentarán recompensas por el servicio a Dios. Se dará recompensas por hechos que reflejan el deseo de honrar a Cristo, pero las buenas obras hechas en un esfuerzo por ganar la aceptación de Dios, ganar la aprobación de otros o satisfacer nuestras propias normas, serán rechazadas por Dios y consumidas por el fuego.

6. Cristo es digno

Nuestra motivación más noble para servir a Cristo es simplemente porque El es digno de nuestro amor y obediencia. El Apóstol Juan registró su visión y su respuesta ante la gloria del Señor:

> *Después de esto miré, y he aquí una puerta abierta en el cielo. La primera voz que oí era como de trompeta que hablaba conmigo diciendo: "¡Sube acá, y te mostraré las cosas que han de acontecer después de éstas!" De inmediato estuve en el Espíritu; y he aquí un trono estaba puesto en el cielo, y sobre el trono uno sentado. Y el que estaba sentado era semejante a una piedra de jaspe y de cornalina, y alrededor del trono había un arco iris semejante al aspecto de la esmeralda. También alrededor del trono había veinticuatro tronos, y sobre los*

tronos vi a veinticuatro ancianos sentados, vestidos de vestiduras blancas, con coronas de oro sobre sus cabezas...
Y cada vez que los seres vivientes dan gloria, honra y alabanza al que está sentado en el trono y que vive por los siglos de los siglos, los veinticuatro ancianos se postran delante del que está sentado en el trono y adoran al que vive por los siglos de los siglos; y echan sus coronas delante del trono, diciendo: "Digno eres tú, oh Señor y Dios nuestro, de recibir la gloria, la honra y el poder; porque tú has creado todas las cosas, y por tu voluntad tienen ser y fueron creadas. (Apocalipsis 4:1-4; 9-11)

Cristo es digno de nuestro afecto y obediencia. No hay ninguna otra persona, ninguna meta, fama, posición o posesión material que pueda compararse con El. Cuanto más comprendamos Su amor y Su majestad, más le alabaremos y desearemos que El sea honrado a expensas de todo lo demás. Nuestros corazones reflejarán la perspectiva del salmista:

¿A quién tengo yo en los cielos? Aparte de ti nada deseo en la tierra.
En cuanto a mí, la cercanía de Dios constituye el bien. En el Señor Jehovah he puesto mi refugio para contar todas tus obras. Lamento por la ruina del templo. (Salmo 73:25; 28).

UN RESUMEN

Obedecemos a Dios porque...

1. El amor de Cristo nos motiva a vivir por El.
2. El pecado es destructivo y debe evitarse.
3. Nuestro Padre nos disciplina amorosamente cuando hacemos mal.
4. Sus mandamientos para nosotros son buenos.
5. Recibiremos recompensas eternas por la obediencia.
6. El es digno de nuestra obediencia.

Obedecer a Cristo por estas razones no constituye un programa de auto mejoramiento. El Espíritu Santo nos da estímulo, sabiduría y fuerza a medida que crecemos en nuestro deseo de honrar al Señor.

Capitulo 5

EL ADICTO A LA APROBACION

PARA PODER TENER UNA BUENA OPINIÓN DE MÍ MISMO, TENGO QUE RECIBIR LA APROBACIÓN DE CIERTAS PERSONAS.

¿Cuánto de tu vida has malgastado intentando ganar la aprobación de otros?

El concepto que tenemos de nosotros mismos se determina no solo por la manera en que nos vemos sino también por como pensamos que otros nos ven. El basar nuestro valor propio en lo que creemos que otros piensan de nosotros nos hace adictos a su aprobación.

Raúl se sentía como un distribuidor automático. Cualquier persona que deseaba algo de él podía tirar de una palanca invisible y conseguirlo. En el trabajo, Raúl siempre estaba haciendo el trabajo de otros. En la casa, sus amigos a menudo le pedían que les ayudara con trabajitos. Su esposa lo hacía trabajar los fines de semana para poder seguir disfrutando el estilo de vida a que ella se había acostumbrado. Aún los miembros de la iglesia se aprovechaban de él, sabiendo que podían contar con el "buen Raúl" para dirigir varios de los programas que planeaban. ¿Cuál era su problema? ¿Era Raúl sencillamente un santo que se sacrificaba? Todo parecía indicar que sí, pero en realidad no lo era. Raúl sentía un profundo resentimiento en contra de aquellas personas que, al exigir tanto de él, le dejaban poco tiempo para el mismo. Sin embargo, no podía decir que no. Anhelaba la aprobación de otros y creía que por acceder a toda petición de ellos ganaba su aprobación.

Raúl es típico de mucho de nosotros. Empleamos mucho tiempo estableciendo relaciones, esforzándonos por agradar a las personas y ganar su respeto. Sin embargo, después de todo nuestro esfuerzo sincero y concienzudo, solamente con que alguien diga una palabra desagradecida ya se arruina nuestro concepto de valor propio. ¡Que pronto puede destruir una palabra insensible la confianza en nosotros mismos que nos habíamos esforzado tanto por lograr!

El mundo en que vivimos está lleno de personas que exigen que les agrademos a cambio de su aprobación y su aceptación. Tales demandas frecuentemente nos llevan directamente a una segunda creencia falsa: "*Para tener una buena opinión de mi mismo, tengo que recibir la aprobación de ciertas personas*".

Esta mentira nos hace caer en la trampa de muchas maneras sutiles. Creerla nos hace ceder a la presión de los demás en un esfuerzo por ganar su aprobación. Tal vez nos inscribimos en clubes y otras organizaciones esperando encontrar un lugar de aceptación. A menudo nos identificamos con grupos sociales, creyendo que estar con otras personas iguales a nosotros nos garantizará su aceptación y aprobación. Muchas personas han admitido que su experimentación con las drogas o el sexo es una reacción a la necesidad de ser parte de un grupo. Sin embargo, las drogas y la promiscuidad sexual prometen algo que no pueden cumplir y solamente dejan a las personas con dolor y, generalmente, con una necesidad más profunda de un concepto adecuado de su propio valor y aceptación.

Otro síntoma de nuestro temor al rechazo es nuestra incapacidad de dar y recibir amor. No es difícil abrirnos y relevar nuestros pensamientos y motivos íntimos porque pensamos que otros nos rechazarán si saben cómo somos en realidad. Por lo tanto, nuestro temor al rechazo nos lleva a relaciones superficiales o al aislamiento. Entre más nos aislamos, más necesitamos que nos acepten. En una ocasión el psicólogo Eric Fromm escribió: "La necesidad profunda del ser humano es vencer su condición de separación, dejar la prisión de su soledad".

El temor al rechazo cunde y la soledad es uno de los problemas más peligrosos y comunes en nuestro mundo. Algunos calculan que la soledad ya ha alcanzado proporciones epidémicas y dicen que si sigue podría menoscabar seriamente la fuerza emocional de la gente. No solamente los incrédulos sienten soledad. 92% de los cristianos asistentes a una conferencia bíblica reciente, admitieron en una encuesta que los sentimientos de soledad constituían un problema importante en sus vidas. Todos compartían un síntoma básico: un sentido de desesperación al no sentirse amados y temor de no ser deseados o aceptados. Este es un comentario trágico sobre las personas de quienes Cristo dijo: *"En esto conocerán que sois mis discípulos, si tenéis amor los unos por los otros"* (Juan 13:35).

En general nuestra sociedad moderna ha respondido en forma inadecuada al rechazo y a la soledad. Nuestra respuesta se ha orientado al exterior, es decir, tratamos de copiar las costumbres, la manera de vestir, las ideas y los patrones de conducta de algún grupo en particular, permitiendo que el consenso del grupo determine lo que es bueno para nosotros. Pero conformarnos a un grupo no puede proporcionar plenamente la seguridad que buscamos tan desesperadamente. Solo Dios puede darla, por medio de Su pueblo, Su Palabra, Su Espíritu y Su tiempo. Buscar en otros lo que solo Dios puede proporcionar es un resultado directo de nuestra aceptación de la mentira de Satanás:

Valor propio = Comportamiento + Opiniones de otros.

Vivir de acuerdo con la creencia falsa, *para poder tener una buena opinión de mí mismo, tengo que recibir la aprobación de ciertas personas*, nos hace temer al rechazo, conformando prácticamente todas nuestras actitudes y acciones a las expectativas de otros. ¿Cómo estas afectado por esta creencia? Haz la siguiente prueba para determinar cuánto temes al rechazo.

LA PRUEBA DEL TEMOR AL RECHAZO

Lee cada una de las declaraciones que siguen, luego, escoge de entre los encabezados el término que mejor describe tu reacción. Pon en el espacio al lado de cada declaración el número correspondiente:

1	2	3	4	5	6	7
Siempre	Con mucha frecuencia	A menudo	A veces	Raras veces	Muy raras veces	Nunca

4 1. Evito a ciertas personas

4 2. Cuando pienso que alguien puede rechazarme, me preocupo y me pongo nervioso.

5 3. Me siento incómodo en compañía de personas que son diferentes.

4 4. Me molesta cuando alguien se muestra poco amistoso conmigo.

3 5. Básicamente soy insociable y tímido.

3 6. Critico a otros.

5 7. Trato de impresionar a otros.

4 8. Me deprimo cuando alguien me critica.

4 9. Siempre trato de saber lo que otros piensan de mi.

5 10. No entiendo a las personas ni que las motiva.

36 Total. (Sume los números que ha colocado en los espacios).

Interpretación del resultado

Si su resultado es…

57-70
Parece que Dios te ha dado una firme apreciación de Su amor y aceptación incondicionales. Pareces estar libre del miedo al rechazo que atormenta a la mayoría de las personas. (Algunas personas que obtienen este resultado tan elevado, se han engañado sobremanera, o se han vuelto insensibles a sus emociones como una manera de suprimir el dolor).

47-56
El temor al rechazo controla tus reacciones raras veces, o solo en ciertas situaciones. De nuevo, las únicas excepciones importantes son aquellas personas que no son sinceras consigo mismas.

37-46
Cuando tú tienes problemas emocionales pueden estar relacionados con un sentido de rechazo. Al pensarlo, probablemente relacionarás muchas de tus decisiones previas con este temor. También, muchas de tus decisiones futuras serán afectadas por el temor al rechazo, a no ser que hagas algo definitivo para vencerlo.

27-36
El temor al rechazo influye en toda área de tu vida. Probablemente hay pocos días en que no te sientes afectado por este temor de una manera o de otra. Desafortunadamente, esto te roba el gozo y la paz que tu salvación debe proporcionarte.

0-26
Las experiencias de rechazo dominan tu memoria y probablemente han resultado en una depresión extrema. Estos problemas durarán hasta que se tome alguna acción definitiva. En otras palabras, esta condición no desaparecerá por si sola; el tiempo solo no puede alivia el dolor. Necesitas experimentar una profunda sanidad en tu concepto de ti mismo, en tu relación con Dios y en tu relación con otras personas.

LOS EFECTOS DEL TEMOR AL RECHAZO

Casi todos tenemos miedo al rechazo. Podemos ser víctimas de él aun cuando hemos aprendido a levantar nuestras defensas en anticipación de la desaprobación de alguien. Ni ponernos a la defensiva ni tratar de satisfacer todo antojo de otra persona constituyen la solución para este problema. Estos son solamente mecanismos de sobrevivencia que nos impiden encarar la raíz de nuestro temor.

El rechazo es una clase de comunicación. Lleva el mensaje que alguna otra persona no nos satisface, que él o ella no da la medida respecto a una norma que hemos creado o adoptado. A veces se utiliza el rechazo a propósito, como un acto de manipulación destinado a controlar a otra persona. Por lo general el rechazo se manifiesta en un arranque de ira, una mirada de desagrado, una respuesta impaciente, o un desaire social. Cualquiera sea la forma de conducta, comunica falta de respeto, baja valoración y falta de aprecio. Nada duele tanto como el mensaje de rechazo.

Si esto es así, ¿por qué rechazamos a otras personas con tanta frecuencia? Nuevamente, el rechazo puede ser una motivación muy efectiva, aunque es destructiva. Sin siquiera levantar un dedo, podemos enviar el mensaje de que el individuo que es objeto de nuestro rechazo no satisface nuestras normas. Podemos aprovechar el deseo instintivo que esa persona tiene de aceptación hasta que hayamos cambiado y adaptado su conducta a nuestro gusto y propósito. Esta es la manera en que el rechazo nos permite controlar las acciones de otro ser humano.

Muchos predicadores imprudentes han usado el rechazo y la culpa como un fuerte medio de motivación. Hablan detalladamente de nuestras debilidades, nuestros fracasos, nuestra indignidad y nuestra incapacidad para satisfacer las elevadas normas de Cristo. No solo se declara indigno nuestro comportamiento, sino que se nos deja sintiéndonos expuestos, desvalorizados y anonadados. Como resultado, hay miles de personas que han sido destruidas por este rechazo y han abandonado la iglesia sin entender el amor acogedor e incondicional de Cristo, un amor que nunca recurre a la condenación para corregir la conducta.

Sin embargo el rechazo y la culpa son motivadores efectivos solo mientras las personas están cerca de nosotros. Por eso ciertas técnicas que utilizan los padres para producir motivación por medio de la culpa dan resultado solamente hasta que el hijo crece y adquiere más libertad. Ya libre, puede alejarse físicamente de sus padres y, sin restricciones, hacer lo que le plazca. En este caso, tanto los padres como el hijo necesitan experimentar el amor y el perdón de Dios. Su gracia y Su poder pueden proporcionar comprensión y fortaleza para que padres e hijos puedan perdonarse mutuamente, perdonarse a sí mismos y manifestar relaciones fuertes y amorosas.

Otro resultado perjudicial del rechazo es el aislamiento. Miguel, por ejemplo, se crió en un hogar desecho y había vivido con su padre desde los seis años. No era que el padre deseaba tenerlo consigo, sino que su madre estaba demasiado ocupada para poder cuidarlo. Poco tiempo después del divorcio, el padre de Miguel se casó con otra mujer que ya tenía tres hijos. Ella resentía tener que darle tiempo o atención a Miguel. Prefería a sus propios hijos a expensas de él.

No es de sorprenderse entonces, que cuando Miguel creció y se casó con una hermosa mujer que lo amaba de verdad, era receloso para mostrarle su amor. Había sentido el dolor del rechazo toda su vida y ahora, porque temía el rechazo, retenía su amor de una persona a quien el amaba de verdad. Tenía temor de permitirse demasiada intimidad con su esposa, porque si ella lo rechazaba, el dolor sería más del que podía sobrellevar.

¿Cómo reaccionas tú al temor al rechazo? Algunos presentamos un cuadro exterior indiferente e impenetrable y consecuentemente, nunca desarrollamos relaciones profundas y satisfactorias. Algunos tenemos tanto miedo al rechazo que nos apartamos y rehusamos casi todo, mientras otros continuamente dicen que si a todo el mundo esperando ganar su aprobación. Algunos somos tímidos y fácilmente manipulados, otros somos sensibles a la crítica y reaccionamos de manera defensiva. Un profundo temor al rechazo puede causar hostilidad y fomentar el desarrollo de desórdenes nerviosos.

Nuestro temor al rechazo puede controlarnos según el grado en que basemos nuestro valor propio en las opiniones de otros, más bien que en nuestra relación con Dios. Depender de otros para nuestro valor esclaviza, mientras que permanecer en las verdades del amor y la aceptación de Cristo trae libertad y gozo.

En Gálatas 1:10, Pablo habla claramente de nuestra búsqueda de aprobación:

> *¿Busco ahora convencer a los hombres, o a Dios? ¿Será que busco agradar a los hombres? Si yo todavía tratara de agradar a los hombres, no sería siervo de Cristo.*

Según este pasaje buscamos en última instancia o la aprobación de los hombres, o la aprobación de Dios, como la base de nuestro valor propio. No podemos buscar las dos. Dios quiere ser el Señor de nuestras vidas y no está dispuesto a compartir con nadie ese señorío que es suyo por derecho. Por lo tanto la única manera en que podemos vencer el temor al rechazo es dándole más valor a la aprobación constante de Dios que a la aprobación condicional de la gente.

A menudo ha sido tan grande mi deseo de obtener la aprobación de otras personas que a veces bromeo diciendo que nací "adicto a la aprobación". Mientras crecía, siempre sentí que no encajaba; que era diferente a los demás; que, por tanto, había algo inherentemente mal en mí. Me sentía inadecuado y trataba de ganar la aprobación de otros, esperando de manera desesperada que esto compensara los sentimientos negativos que albergaba respecto a mí mismo.

Pero irónicamente, la aprobación condicional de los demás nunca fue suficiente para satisfacerme. Ser elogiado solo servía para recordarme la desaprobación que podía encontrar si dejaba de mantener lo que había logrado. Así me sentía compelido a esforzarme aún más por alcanzar el éxito. Aún ahora, a veces encuentro que estoy cayendo en este patrón de conducta, a pesar de tener un mejor conocimiento, experiencia y relación con Dios.

Muchas personas tal vez se sorprenderán al saber esto, pues quizá dan por hecho que con leer este libro y completar sus ejercicios se librarán para siempre de la inclinación de basar el concepto de su valor en la aprobación de otros.

No creo que ninguno de nosotros logre estar completamente libre de esta tendencia hasta que veamos al Señor. El instinto de sobrevivencia que Dios nos ha dado nos constriñe a evitar el dolor. Sabiendo que el rechazo y la desaprobación traen dolor, seguiremos con nuestros esfuerzos por ganar la estimación de otros siempre que podamos. Las buenas nuevas son que, dado que somos complemente agradables a Dios, hecho que examinaremos más adelante, no necesitamos sentirnos desolados cuando otros nos responden de una manera negativa.

A medida que crecemos en nuestra relación con Dios, el Espíritu Santo seguirá enseñándonos como aplicar esta verdad liberadora a diferentes aspectos de nuestras vidas en un nivel cada vez más profundo. De hecho, una evidencia de Su obra en nosotros, es la capacidad para ver nuevas áreas de nuestras vidas en que estamos permitiendo que las opiniones de otros determinen nuestro sentido de valor. Con madurez espiritual podremos identificar estas áreas con más frecuencia y elegir encontrar nuestra importancia en el amor incondicional que Dios nos tiene y en Su completa aceptación de nosotros. Sin embargo, los cambios profundos en nuestro sistema de valores requieren sinceridad, objetividad y la aplicación prolongada y persistente de la Palabra de Dios.

Antes de examinar la solución que Dios ofrece para nuestro temor al rechazo, primero tenemos que identificar este temor y entender cómo se manifiesta en nuestras vidas. Semejante al miedo a fracasar, el temor al rechazo puede afectarnos de muchas maneras. Las explicaciones de los síntomas que siguen no son exhaustivas, pero ilustran cómo el rechazo puede provocar ciertos problemas en nuestras vidas:

Ira, resentimiento, hostilidad
Por lo general la ira constituye la respuesta más común al rechazo. Algunos no somos sinceros respecto a nuestra ira. Podemos negar su existencia, suprimirla y creer que desaparecerá. Podemos darle curso libre a nuestra cólera en explosiones destructivas de ira. O podemos utilizar el sarcasmo o el descuido para expresar la ira de una manera más sutil. Si no resolvemos nuestro enojo por medio de la sinceridad y el perdón, podemos volvernos profundamente hostiles y resentidos. Un motivo para conservar la ira es el deseo de venganza.

¿Cuántas de las personas hacia las cuales sientes ira o que te han herido, tienen una opinión de ti menor a la que esperas que tengan? ¿Por qué tenemos las opiniones de otros en tan alto concepto que dejamos que esas opiniones influyan en la manera en que nos sentimos? ¿Por qué gastamos tanto tiempo pensado en aquellos que no nos tienen en un alto concepto?

Porque valoramos mucho las opiniones de otros, cuando no piensan de nosotros de la manera que quisiéramos, nos sentimos ofendidos, heridos. Como esto nos duele, sentimos ira, sentimos resentimiento y hasta podemos volvernos amargados.

Ser fácilmente manipulados
Aquellos que creen que su valor propio se basa en la aprobación de otras personas, pueden hacer casi cualquier cosa para agradar a la gente. Verdaderamente creen que serán apreciados si acceden a toda petición de los que, conscientemente o no, les están manipulando. A menudo muchas de esas personas desprecian a los que les están manipulando y resienten lo que piensan que tienen que hacer a fin de ganar su aprobación.

Codependencia
En las familias que se ven afectadas por la adicción al alcohol, las drogas, el trabajo o cualquier otra compulsión, a menudo sus miembros desarrollan patrones de conducta para rescatar adictos de las consecuencias de su conducta. Este rescate compulsivo, llamado codependencia, permite que el adicto siga actuando en forma destructiva, y lo mantiene con la necesidad de ser rescatado habitualmente, de manera que el patrón perdura.

Evitar a las personas
Entre las reacciones más comunes de las personas por su temor al rechazo está la de evitar a otras personas, evitando así el riesgo del rechazo. Algunas evitan a los demás de manera abierta y pasan la mayor parte del tiempo a solas, pero la mayoría tratan de reducir el riesgo al rechazo teniendo relaciones superficiales. Pueden estar entre la gente gran parte del tiempo y se les puede considerar socialmente adaptados porque saben hacerse amigos fácilmente, pero sus amigos en realidad nunca llegan a conocerlos porque se esconden tras una muralla de palabras, sonrisas y actividades. Generalmente estas personas se sienten muy solas aún cuando están rodeadas de todos sus “amigos”.

Control
En un esfuerzo por evitar que les hieran, muchas personas constantemente tratan de ejercer control sobre otros y de dominar la mayoría de las situaciones. Se han hecho expertos en controlar mediante el otorgamiento de su aprobación o desaprobación, renuentes a permitir que otros actúen con naturalidad y tomen sus propias decisiones sin su consentimiento. Ya que este tipo de personas en realidad son muy inseguras, la falta de control constituye para ellas una amenaza inaceptable.

Depresión
La depresión es el resultado de un profundo sentido de pérdida o de ira reprimida y acumulada. Cuando la ira no se maneja en forma adecuada, el cuerpo y la mente responden a su intensa presión y se embotan las emociones y el sentido de propósito de la persona.

Repetición de mensajes negativos
Una de las más interesantes facetas de nuestro comportamiento, es que a menudo repetimos los mensajes que más nos duelen, por ejemplo los de rechazo. Hacemos esto aún cuando la persona que nos mandó ese mensaje ya no está presente (quizá hasta este muerta). Continuamos repitiéndonos a nosotros mismos los mensajes más dolorosos que hemos oído. ¿Cuánto del dolor que experimentas está relacionado con la repetición de esos mensajes dolorosos?

Hipersensibilidad a las opiniones de otros
¿Estás siempre pendiente de lo que la gente puede estar pensando de ti? ¿Te encuentras intentando prever sus pensamientos acerca de ti? ¿Te preocupas hasta de los que personas extrañas o desconocidas puedan pensar de ti? ¿Cuánto tiempo gastas pensando sobre lo que los demás puede estar pensando de ti?

Muchas veces, de hecho, la gente proyecta sus propios pensamientos negativos acerca de si mismos con la gente que está alrededor. En este sentido, a donde que vayan, se sienten rechazados por los demás. Encuentran personas que los rechazan en el mismo sitio donde otras personas encuentran quien los acepten a todos. Si tu te miras como inadecuado, probablemente creerás que los demás también te miran así. Creerás que hasta las personas que te aceptan, en realidad te están rechazando.

Hiposensibilidad
Alguna gente es tan temerosa de sus propias emociones que no se permiten ser sensibles consigo mismas o con otras personas. Enfrentan la vida como si fueran unos verdaderos actores. Un actor simplemente cumple un rol. El actor parece responder a las situaciones. Pero inspeccionando más de cerca, uno se encuentra que él o ella solo ensayan líneas y hacen actividades predeterminadas. Desafortunadamente algunos de nosotros nos encontramos en una situación de esta naturaleza.

La razón por la cual sentimos el temor al rechazo y sus problemas correspondientes, es porque creemos la mentira de Satanás: Valor propio = Comportamiento + Las opiniones de otros. Anhelamos amor, compañerismo e intimidad, y buscamos en otras personas la satisfacción de esas necesidades. Sin embargo, el problema con basar el concepto de nuestro valor en la aprobación de otros es que Dios es el Unico que nos ama y aprecia incondicionalmente. El ha proporcionado una solución al temor al rechazo.

Capitulo 6

LA RESPUESTA DE DIOS: LA RECONCILIACION

¿Te has dado por vencido en cuanto a la posibilidad de experimentar la completa aceptación de Dios hacia ti?

¿Puede Dios aceptar a una persona que es inaceptable (por su pecado), o tiene Dios que hacer primero que esa persona sea aceptable (a través de la salvación)?

¿El sacrificio de Cristo es suficiente para hacerte aceptable a Dios por el resto de tu vida y durante toda la eternidad?

La solución de Dios para el temor al rechazo se basa en el pago expiatorio que Cristo hizo por nuestros pecados. Por medio de este pago encontramos perdón, reconciliación y aceptación total por medio de Cristo. *Reconciliación* significa que los que eran enemigos han llegado a ser amigos. Pablo describe nuestra transformación de la enemistad a la amistad con Dios de esta manera:

> *A vosotros también, aunque en otro tiempo estabais apartados y erais enemigos por tener la mente ocupada en las malas obras, ahora os ha reconciliado en su cuerpo físico por medio de la muerte, para presentaros santos, sin mancha e irreprensibles delante de él. (Colosenses 1:21-22).*

A medida que hablaba con Pamela se me hizo evidente que ella no entendía esta gran verdad de la reconciliación. Tres años después de casarse, Pamela había cometido adulterio con un compañero de trabajo. Aunque había confesado su pecado a Dios y a su esposo, y se le había perdonado, el sentido de culpa seguía molestándola, haciendo difícil que se sintiera aceptable delante de Dios. Cuatro años después del acontecimiento todavía no podía perdonarse a sí misma por lo que había hecho.

Sentados en mi oficina examinamos su renuencia a aceptar el perdón de Dios.

-Me parece que tu no crees que Dios pueda perdonar el pecado de cometiste- le dije.

-Así es- respondió. No creo que lo hará nunca.

-Pero Dios no basa su amor y aceptación de nosotros en nuestro comportamiento- le dije-. Si hay un pecado tan sucio y vil que nos haga menos aceptables para El, entonces la cruz es insuficiente. Si la cruz no es suficiente para todo pecado, entonces la Biblia está equivocada cuando dice que El nos perdonó todos nuestros pecados (Colosenses 2:13-15). Dios tomó nuestros pecados y los canceló, clavándolos en la cruz de Cristo. De esta manera Dios también le quitó a Satanás su poder para condenarnos por nuestros pecados. Así que nada de lo que tú hagas puede anular su reconciliación y hacerte inaceptable para Dios.

Nuestra aceptación incondicional en Cristo es una verdad profunda, que cambia la vida. La salvación no es simplemente un boleto para entrar al cielo. Es el principio de una relación personal con El. La *justificación* es la doctrina que explica los hechos judiciales de nuestro perdón y nuestra justificación en Cristo. La *reconciliación* explica el aspecto relacional de nuestra salvación. El momento en que recibimos a Cristo por fe, entramos en una relación personal con él. Estamos unidos con Dios en un vinculo eterno e inseparable (Romanos 8:38-39). Estamos vinculados en una unión indisoluble con El, como coherederos con Cristo. El Espíritu Santo nos ha sellado en esa relación y estamos absolutamente seguros en Cristo. Efesios 1:13-14 declara:

> *En él también vosotros, habiendo oído la palabra de verdad, el evangelio de vuestra salvación, y habiendo creído en él, fuisteis sellados con el Espíritu Santo que había sido prometido, quien es la garantía de nuestra herencia para la redención de lo adquirido, para la alabanza de su gloria.*

Recientemente en una reunión de oración, alguien oró: "Gracias Dios por aceptarme cuando soy tan inaceptable". Esta persona comprendía que no podemos ganar la aceptación de Dios por medio del mérito propio, pero parece que había olvidado que somos aceptados incondicionalmente en Cristo. Como resultado de la cruz, ya no somos inaceptables. Por la muerte y la resurrección de Cristo hemos llegado a ser aceptables para Dios. Esto no sucedió porque Dios decidiera que podía pasar por alto nuestro pecado, sino porque Cristo perdonó todos nuestros pecados a fin de poder presentarnos al Padre, santos y sin culpa.

No hay un asunto más importante en las escrituras que la reconciliación del hombre con Dios. Estudia los siguientes pasajes y luego contesta las preguntas que les siguen. Permite que Dios te hable a medida que vas leyendo Su Palabra. Hacer así te dará una base firme en todo lo que te enseña este libro.

> *Cuanto está lejos el oriente del occidente,*
> *Hizo alejar de nosotros nuestras rebeliones.* (Salmo 103:12)

¿Qué sucede con nuestras rebeliones?

> *Esto es mi sangre del pacto, que es derramada por muchos para el perdón de pecados.* (Mateo 26:28 NVI)

¿Por qué fue derramada la sangre de Cristo?

> *Porque de tal manera amó Dios al mundo, que ha dado a su Hijo unigénito, para que todo aquel que en él cree, no se pierda, mas tenga vida eterna.* (Juan 3:16)

¿Cuál es la promesa de Dios?

De cierto, de cierto os digo: El que oye mi palabra, y cree al que me envió, tiene vida eterna; y no vendrá a condenación, mas ha pasado de muerte a vida.. (Juan 5:24)

¿Cuál es la promesa para la persona que conoce y cree?

Mis ovejas oyen mi voz, y yo las conozco, y me siguen, y yo les doy vida eterna; y no perecerán jamás, ni nadie las arrebatará de mi mano. (Juan 10:27-28)

¿Qué tienen sus ovejas? ¿Perecerán?

De éste dan testimonio todos los profetas, que todos los que en él creyeren, recibirán perdón de pecados por su nombre. (Hechos 10:43 NVI)

¿De qué dieron testimonio los profetas?

Por medio de Jesús se les anuncia a ustedes el perdón de los pecados. Ustedes no pudieron ser justificados de esos pecados por la ley de Moisés, pero todo el que cree es justificado por medio de Jesús.. (Hechos 13:38-9 NVI)

¿Qué sucede cuando creemos?

por cuanto todos pecaron, y están destituidos de la gloria de Dios, siendo justificados gratuitamente por su gracia, mediante la redención que es en Cristo Jesús (Romanos 3:23-24)

¿Por medio de qué somos justificados?

Bienaventurados aquellos cuyas iniquidades son perdonadas, Y cuyos pecados son cubiertos. (Romanos 4:7)

¿Quién es bendecido?

Porque si siendo enemigos, fuimos reconciliados con Dios por la muerte de su Hijo, mucho más, estando reconciliados, seremos salvos por su vida. (Romanos 5:10)

¿Por medio de qué somos reconciliados?

Pues no habéis recibido el espíritu de esclavitud para estar otra vez en temor, sino que habéis recibido el espíritu de adopción, por el cual clamamos: ¡Abba, Padre! (Romanos 8:15)

Describe la naturaleza de nuestra relación con Dios.

> *¿Quién acusará a los escogidos de Dios? Dios es el que justifica.* (Romanos 8:33)

¿Quién nos acusará?

> *Por lo cual estoy seguro de que ni la muerte, ni la vida, ni ángeles, ni principados, ni potestades, ni lo presente, ni lo por venir, ni lo alto, ni lo profundo, ni ninguna otra cosa creada nos podrá separar del amor de Dios, que es en Cristo Jesús Señor nuestro.* (Romanos 8:38-39)

¿De qué está convencido Pablo?

> *De modo que si alguno está en Cristo, nueva criatura es; las cosas viejas pasaron; he aquí todas son hechas nuevas.... que Dios estaba en Cristo reconciliando consigo al mundo, no tomándoles en cuenta a los hombres sus pecados, y nos encargó a nosotros la palabra de la reconciliación... Al que no conoció pecado, por nosotros lo hizo pecado, para que nosotros fuésemos hechos justicia de Dios en él.* (2 Corintios 5:17, 19, 21)

Describe lo que somos en Cristo.

> *Sabiendo que el hombre no es justificado por las obras de la ley, sino por la fe de Jesucristo, nosotros también hemos creído en Jesucristo, para ser justificados por la fe de Cristo y no por las obras de la ley, por cuanto por las obras de la ley nadie será justificado.* (Gálatas 2:16)

¿Sobre qué base somos justificados? ¿Qué parte desempeñan las obras en la justificación?

> *Así Abraham creyó a Dios, y le fue contado por justicia.* (Gálatas 3:6)

¿Sobre qué basa recibió Abraham la justicia?

> *En él tenemos redención por medio de su sangre, el perdón de nuestras transgresiones, según las riquezas de su gracia.* (Efesios 1:7 LBLA)

¿Según qué recibimos el perdón?

> *Porque por gracia sois salvos por medio de la fe; y esto no de vosotros, pues es don de Dios; no por obras, para que nadie se gloríe. (Efesios 2:8-9)*

¿Sobre qué base podemos gloriarnos?

> *De hecho, la ley exige que casi todo sea purificado con sangre, pues sin derramamiento de sangre no hay perdón.* (Hebreos 9:22 NVI)

¿Qué tendrías que hacer a fin de recibir el perdón?

> *Pues donde hay perdón de pecados, no hay más ofrenda por el pecado.* (Hebreos 10:18)

Después del perdón, ¿qué debemos ofrecer por el pecado?

> *Puestos los ojos en Jesús, el autor y consumador de la fe, el cual por el gozo puesto delante de él sufrió la cruz, menospreciando el oprobio, y se sentó a la diestra del trono de Dios.* (Hebreos 12:2)

¿Quién es el consumador de la fe?

> *¡Alabado sea Dios, Padre de nuestro Señor Jesucristo! Por su gran misericordia, nos ha hecho nacer de nuevo mediante la resurrección de Jesucristo, para que tengamos una esperanza viva y recibamos una herencia indestructible, incontaminada e inmarchitable. Tal herencia está reservada en el cielo para ustedes.* (1 Pedro 1:3-4 NVI)

¿De qué está convencido Pedro?

Por la reconciliación somos completamente aceptables para Dios y totalmente aceptados por Dios. Como lo ilustran estos pasajes, gozamos de una plena y completa relación con El y en esta relación su determinación de nuestro valor no se basa en nuestro comportamiento.

Sin embargo, podemos preguntar qué significa para nosotros esta relación a medida que tratamos de aplicarla a nuestra experiencia de todos los días. Analicemos el asunto:

Cuando nacemos de nuevo como seres espirituales en una relación correcta con Dios, todavía nos inclinamos a la manera de pensar del mundo. Dado que hemos sido condicionados por la perspectiva y los valores del mundo, nos es difícil separarnos de él. De hecho cuando Pablo escribió a los cristianos de Corinto, los llamo "***hombres** carnales*". Aunque habían nacido del espíritu y estaban equipados con todo lo que Cristo provee, esos individuos todavía tenían que desarrollarse y llegar a ser los creyentes completos y maduros que Dios intentó que fuesen (1 Corintios 3:1-4).

Mucho somos como los cristianos de Corinto. Todavía tratamos de lograr significado a la manera del mundo, por medio del éxito y la aprobación. A menudo ponemos la mirada solamente en otros creyentes en vez de en Cristo mismo. Aprendemos a usar las palabras cristianas apropiadas, reclamamos poder divino y dirección y organizamos programas, pero demasiadas veces nuestra fachada espiritual carece de profundidad y sustancia. Nuestras actividades espirituales se convierten en esfuerzos humanos que carecen del verdadero toque del Maestro. De hecho vivimos una mentira.

El deseo de éxito y aprobación constituye la base de un concepto adictivo y mundano de nuestro valor propio. La verdad es que abandonar esa dependencia puede causarnos algún dolor a medida que cambiamos la base del concepto de nuestro valor, pero solo empezamos a descubrir verdadera libertad y madurez en Cristo cuando comprendemos que nuestras vidas significan mucho más de lo que pueden darnos el éxito o la aprobación de otros.

No podemos hacer para contribuir al don gratuito de la salvación que Cristo nos ha dado, además, si basamos nuestro valor propio en la aprobación de otros, en realidad estamos diciendo que nuestra capacidad para agradar a otros es de más valor que el pago hecho por Cristo. Nosotros somos los pecadores, los depravados, los desdichados, los impotentes. El es el Padre amoroso, el paciente Salvador que busca, quien ha hecho propiciación por los perdidos y nos ha extendido Su gracia y la posición de hijos. No podemos añadir nada a nuestra salvación. Es Dios quien nos busca, nos convence de pecado y se releva a nosotros. Es Dios quien da la fe con la que podemos aceptarlo. La fe es sencillamente nuestra respuesta a lo que Él ha hecho por nosotros.

Así que nuestro valor descansa en el hecho de que la sangre de Cristo ha pagado por nuestros pecados. Por lo tanto, somos reconciliados con Dios. Somos aceptados sobre esa base solamente, pero ¿indica esta gran verdad que no necesitamos a otras personas en nuestras vidas? Al contrario, frecuentemente Dios usa a otros creyentes para demostrarnos Su amor y aceptación. La fortaleza, el consuelo, el estimulo y el amor mutuo de los cristianos, es una expresión visible del amor de Dios. Sin embargo, nuestra aceptación y nuestro valor *no dependen* de que otros nos acepten, aún cuando sean hermanos creyentes. Sea que nos acepten o no, todavía somos profundamente amados, completamente perdonados, plenamente agradables, totalmente aceptados y completos en Cristo. *Solo El* es la autoridad final respecto a nuestro valor y nuestra aceptación.

POSIBLES OBSTACULOS PARA RECIBIR ESTA VERDAD

EL PAPEL DE LAS RELACIONES

Para muchos de nosotros, el amor, el perdón y la aceptación incondicionales de Cristo parecen ser algo abstracto y difícil de comprender. Podemos entender la premisa de estos rasgos de carácter y todavía no ser capaces de incorporarlos a nuestra experiencia personal. A menudo podemos atribuir esta dificultad a nuestras relaciones con nuestros padres.

Dios espera que los padres sean modelos para sus hijos del carácter de Él. Según la escritura, los padres deben darles a sus hijos afecto, compasión, protección, provisión y disciplina amorosa. Cuando los padres proveen esta clase de ambiente en su hogar, generalmente los hijos pueden transferir esas percepciones al carácter de Dios y creer que

El es amoroso, compasivo, protector, misericordioso y un ser que aplica la disciplina con amor. A su vez, frecuentemente pueden modelar estas características para sus propios hijos.

Sin embargo, muchos no hemos recibido de nuestros padres este modelo del carácter de Dios. Sobre un espectro extremadamente amplio, algunos hemos tenido relaciones relativamente saludables con nuestros padres, mientras otros han experimentado varias formas de descuido, condenación y manipulación. Otros han sufrido las heridas más profundas del abuso sexual, maltrato físico o abandono. Cuanto mayor sea el grado de disfunción, (o de modelos inadecuados), en una familia, mayor es el potencial de tener heridas emocionales, espirituales y relacionales. Dicho de otra manera, cuanto más pobre sea el modelo del amor, el perdón y el poder de Dios de parte de los padres, mayor será nuestra dificultad para sentir y aplicar estas características en nuestras vidas.

Si hemos sido heridos profundamente, en lugar de ser renovados por la verdad del amor de Dios, podemos rechazarlo, creyendo que no podemos ser amados. Podemos tener miedo de hacernos vulnerables y ser lastimados de nuevo. Cualquiera sea la causa, el resultado es que rechazamos toda idea de ser amados y aceptados.

Aquellos que han tenido modelos pobres en sus padres, necesitan de modelos nuevos, amigos cristianos amorosos, para poder sentir el amor y la gracia de Dios. Por medio de su cuerpo de creyentes, Dios a menudo nos proporciona modelos de Su amor, de manera que nuestra percepción de Su carácter puede transformarse paulatinamente en una más exacta, resultando en una relación más saludable con El. Entonces nuestras profundas heridas emocionales, espirituales y relacionales pueden empezar a sanar, y podemos experimentar más plenamente el amor incondicional de Dios.

Algunos ya estamos participando de relaciones sólidas con personas que se muestran comprensivas y pacientes con nosotros, otros no hemos podido cultivar tales relaciones y todavía las estamos buscando. Si tú te encuentras en esta situación, puede ser que necesites encontrar a un pastor o un consejero que te ayude a empezar, posiblemente con dirigirte a uno o más creyentes que te ministren. Con frecuencia un pequeño grupo de compañerismo o de estudio bíblico, constituye un excelente recurso para compartir de manera intima y proveer consuelo y estímulo. Si tú has tratado de cultivar relaciones saludables pero todavía no has encontrado ninguna, ¡no te des por vencido! El Señor quiere que todos estemos en un ambiente en que podamos sentir más de Su amor por medio de nuestras relaciones con otros creyentes.

Si le pides dirección a Dios y estás dispuesto a seguir esforzándote, El a su debido tiempo te guiará a algunas personas que pueden proveerte esta clase de ambiente.

Relaciones saludables frente a relaciones no saludables

Dado que muchos de nosotros somos tan vulnerables cuando empezamos a permitirnos sentir el dolor que generalmente acompaña al crecimiento, nos conviene tener una comprensión básica de las relaciones saludables y las no saludables.

Primeramente tenemos que entender que aunque Dios a menudo nos manifiesta Su amor y aprobación tanto por medio de creyentes como de no creyentes, El desea que nuestras relaciones con otras personas nos capaciten para conocerlo más plenamente. En parte, su obra a través de otros ha de servir como un canal mediante el cual podamos entender mejor Su divino amor y aceptación de nosotros. Desafortunadamente, somos propensos a malentender Su mensaje y confundirnos, creyendo que Sus mensajeros deben ser la fuente de nuestra satisfacción. Cuando esta percepción equivocada se lleva a extremo, podemos caer en una dependencia emocional, "la condición que resulta cuando se cree que la presencia y/o el cuidado de otra persona son necesarios para la seguridad personal".

En su libro, *Los Cuatro Amores*, C.S. Lewis, describe la diferencia entre los amantes y los amigos:

> *Los amantes siempre están hablándose de su amor, los amigos casi nunca hablan de su amistad. Normalmente los amantes se miran cara a cara, absortos el uno en el otro; los amigos, lado a lado, absortos en algún interés común. Sobre todo, Eros (mientras dura) es necesario solo entre dos. Pero dos, lejos de ser número necesario para la amistad, ni siquiera es el mejor.*

Esto describe bien la diferencia entre la amistad saludable y la no saludable, ya sea que el sexo entre en la escena o no. Las relaciones saludables se proyectan hacía fuera, no hacía adentro. Las relaciones saludables estimulan la individualidad más bien que la conformidad, y se relacionan con la independencia, en lugar de la dependencia emocional. Las relaciones saludables hacen que uno fije su atención en el Señor y trate de agradarle, más bien que en la amistad y el agradarse uno a otro.

¿Cómo sabemos cuando hemos cruzado la línea entre una relación saludable y una que es emocionalmente dependiente? Cuando cualquiera de las personas en una relación:

- Frecuentemente experimenta celos, un carácter dominante y un deseo de exclusivismo, viendo a otras personas como una amenaza para la relación;
- Prefiere estar a solas con este amigo y se siente frustrado cuando no puede ser así;
- Se enoja o deprime irracionalmente cuando ese amigo se aparta un poco;
- Pierde interés en otra amistad que no sea esa;
- Experimenta sentimientos románticos o sexuales que le provocan fantasías en relación con la otra persona;

- Se absorbe en la apariencia, la personalidad, los problemas y los intereses de la otra persona;

- Se resiste a hacer planes de corto o largo plazo que no incluyan a la otra persona;

- No puede ver las falta de la otra persona de manera realista;

- Se pone la defensiva cuando alguien le pregunta acerca de esa relación;

- Hace demostraciones físicas de afecto, más de lo apropiado para una amistad;

- Al conversar se refiere constantemente a la otra persona, se siente con libertad para hablar por la otra persona;

- Exhibe intimidad y familiaridad con la otra persona que hace que otras se sientan incomodas o avergonzadas en su presencia.

Nuestras relaciones con otras personas son muy importantes para Dios. Tanto es así que El ha hecho que la unidad entre hermanos sea una prioridad en nuestra relación con El (ver Mateo 5:23-24). Esto es porque Dios no ha reconciliado con El como un *cuerpo* en Cristo (Efesios 2:16) y por ello quiere que nos tratemos como *miembros los unos de los otros* (Efesios 4:25).

Pídele a Dios que te guíe a entablar relaciones que te estimulen a ser sincero y a practicar la verdad de su Palabra; relaciones que te afirmen, y de esta manera te ayuden a desarrollar un amor apropiado de ti mismo y que te constriñen a fijar tu atención en El, como misericordioso proveedor de tus necesidades. Con el tiempo, tu propia gratitud te ayudará y motivará a cultivar el deseo de agradar a Dios, en vez de buscar agradar a otras personas.

¿Cómo aprendemos a rechazar la mentira de Satanás de que *para poder tener una buena opinión de mi mismo, tengo que ser aprobado por otras personas*? ¿Cómo podemos empezar a aplicar en forma práctica la gran verdad de nuestra reconciliación con el Dios todopoderoso? El ejercicio que sigue te ayudará a empezar a sentir la libertad y el gozo de la reconciliación.

El capítulo 13 de 1 Corintios describe el amor y la aceptación incondicionales de Dios para nosotros. Para hacer personal este pasaje, cambia la palabra "amor" por "Mi Padre". Luego, aprende de memoria lo que sigue y cuando empieces a sentir temor, recuerda el amor y la bondad de Dios:

Mi Padre tiene paciencia y es bondadoso
Mi Padre no es celoso, ni ostentoso
Mi Padre no es arrogante
Mi Padre no es indecoroso, ni busca lo suyo propio
Mi Padre no se irrita
Mi Padre no lleva cuentas del mal
Mi Padre no se goza de la injusticia, sino que se regocija con la verdad
Mi Padre todo lo sufre, todo lo cree
Mi Padre todo lo espera, todo lo soporta

A medida que aprendas este pasaje de memoria, pide a Dios que te demuestre si la percepción que tienes de El sufre de alguna falla. Esto te ayudará a tener una percepción más exacta de Dios, y te ayudará a sentir más de Su amor y aceptación incondicionales.

Capitulo 7

EL JUEGO DE LA CULPA

LOS QUE FRACASAN NO SON DIGNOS DE SER AMADOS Y DEBEN SER CASTIGADOS

¿Alguna vez te has preguntado como una persona critica y enjuiciadora puede vivir consigo misma? La respuesta es: No muy bien.

Nuestra percepción del éxito y el fracaso muchas veces constituye la base principal para evaluarnos a nosotros mismos y evaluar a otros. Si creemos que el comportamiento refleja el valor de uno y que el fracaso hace que uno sea inaceptable e inmerecedor del amor, entonces por lo general nos sentiremos justificados al condenar a los que fracasan, incluyéndonos a nosotros mismos. La autocondenación puede incluir menoscabarnos (soy tan estúpido!, no puedo hacer nada bien!), hacernos blanco de bromas o declaraciones que muestran desaprobación de nosotros mismos o sencillamente nunca tolerar un error en nuestro comportamiento. Con otras personas podemos mostrarnos ásperos (maltratándolas física o verbalmente) o relativamente sutiles (sarcásticos o callados). Pero cualquier forma de condenación es una poderosa fuerza destructiva que comunica: Voy a hacer que te arrepientas de lo que hiciste.

Mateo cometió un error serio durante su adolescencia y nunca pudo sobreponerse a él. Cuando tenía 14 años, él y varios amigos de la escuela entraron a una tienda y trataron de salir con unos casetes sin pagarlos. Llegaron hasta la salida, antes de que un guardia de seguridad los alcanzara y condujera a la oficina del gerente.

Siempre le echaban en cara su error. Cada vez que se equivocaba en algo en la casa, su padre le recordaba lo que había hecho. Eres un fracaso total!, le gritaba. No tienes convicción alguna! Eres un mentiroso y un ladrón y nunca vas a valer nada!

Mateo nunca pudo olvidar su humillación. A los veinte años, sentado en mi oficina, me dijo muy en serio que algunos días se sentía feliz hasta que se daba cuenta de que se sentía bien. Creyendo que no tenía derecho de tener una buena opinión de sí mismo, entonces empezaba a sentirse deprimido de nuevo.

Después de todo, dijo, una persona tan inútil como yo no debe tener una buena opinión de sí misma.

Como a otros tantos, a Mateo le habían lavado el cerebro y vencido con la idea falsa: los que fracasan no son dignos de ser amados y merecen ser castigados.

Sea consciente o inconscientemente, todos tendemos a acusar, asignado culpa por casi todo fracaso. Cuando dejamos de recibir aprobación por nuestro comportamiento, tendemos a buscar una razón, un culpable, un chivo expiatorio. La mayoría de las veces no encontramos a quién más culpar más que a nosotros mismos, de manera que el dedo acusatorio se vuelve hacia nosotros. La autocondenación es una forma severa de castigo.

De ser posible, a menudo tratamos de culpar a otros y cumplir con la ley del talión: la gente debe recibir su merecido. Durante la mayor parte de nuestras vidas, se nos ha condicionado a hacer que alguien pague por los fracasos o defectos. Cuando un trabajo no se termina a tiempo, dejamos saber a todo el mundo que la culpa no es nuestra: Se que este informe debió entregarse ayer, pero Francisco no me dio las estadísticas sino hasta esta mañana. Si algo no se hace en casa, pronto miramos a otros miembros de la familia para determinar quién es el responsable. Para cada falla que vemos a nuestro alrededor, por lo general buscamos a quien culpar, esperando exonerarnos a nosotros mismos, asegurándonos que se identifique y castigue de manera apropiada a la persona que falló.

Otra razón por la que procuramos culpar a otros es que frecuentemente nuestro éxito depende de su contribución. Su fracaso constituye una amenaza para nosotros. Cuando el fracaso de otras personas obstaculiza el alcance de nuestras metas de éxito, generalmente respondemos defendiéndonos nosotros y culpándoles a ellos, y a menudo usamos la condenación para manipularlos y hacer que mejoren su comportamiento. Culpar a otros también nos ayuda a poner distancia respetable entre su fracaso y nuestro frágil concepto de valor propio.

Ya sea que nuestras acusaciones se dirijan a nosotros mismos o a otros, todos tenemos la tendencia de creer que alguien tiene que aceptar la culpa. Cuando Elena supo que su hija de 15 años estaba embarazada, pasó una semana sin poder dormir, dando vueltas en la cama, tratando de decidir quién tenía la culpa. ¿Era su hija la culpable porque había traído este oprobio a la familia, o era ella por haber fracasado como madre? Lo único que Elena sabia era que alguien tenía que aceptar responsabilidad por la crisis.

En lugar de ser objetivos y buscar una solución bíblica sólida para nuestros problemas, a menudo recurrimos a acusar a otra persona o a reprendernos a nosotros mismos.

A veces culpamos a otros para sentirnos mejor. Al culpar a otra persona que falló, nos sentimos superiores. De hecho entre más elevada sea la posición de la persona que fracasó (padre, jefe, pastor, etc.), más notoria es la caída, y a menudo mejor nos sentimos nosotros. El deseo de ser superior, de ser "mejores" que otros, es la raíz del chisme.

Sin embargo, en otras situaciones sucede lo contrario. Cuando un padre o una madre fracasa, generalmente un hijo o una hija acepta la culpa por ese fracaso. Aún como adultos, podemos fácilmente asumir la culpa en nuestras relaciones con los que ocupan puestos de autoridad. Tenemos mucho interés en apoyar a aquellos de quienes dependemos. Esta es una de las razones por las que se encuentra tanta negación en las familias donde hay algún tipo de abuso. Por ejemplo, una niña dijo: yo nunca le dije a nadie que papá me estaba maltratando porque creía que se lo llevarían de la casa.

¿Cómo debemos responder cuando otra persona falla? Si la persona que falló es cristiana, necesitamos afirmar la verdad de Dios respecto a él o ella. Él o ella es profundamente amado, completamente perdonado, plenamente agradable, totalmente aceptado por Dios y completo en Cristo. Oportunamente esta perspectiva puede cambiar nuestra actitud condenatoria a una de amor y deseo de ayudar. Al creer estas verdades, gradualmente podremos amar a esta persona así como Dios nos ama a nosotros (1 Juan 4:11), perdonarla de igual manera como Dios nos ha perdona a nosotros (Efesios 4:32) y aceptarla así como Dios nos ha aceptado a nosotros (Romanos 15:7). Esto no quiere decir que nos haremos ciegos a las faltas o fracasos de otros. Seguiremos viéndolos, pero nuestra respuesta cambiará considerablemente con el tiempo, de la condenación a la compasión. A medida que dependemos menos de otras personas para nuestro concepto de valor propio, sus pecados y errores llegarán a amenazarnos menos y desearemos ayudarles en lugar de sentirnos constreñidos a castigarles.

Pero, ¿qué de nuestra respuesta a los no creyentes? Aunque todavía no han puesto su confianza en la cruz de Cristo para la eliminación de su condenación delante de Dios, Jesús habló muy claramente de cómo debemos tratarles. En Mateo 22:37-39, les dijo a sus discípulos: Amarás al Señor tu Dios con todo tu corazón y con toda tu alma y con toda tu mente y amarás a tu prójimo (tanto creyentes como no creyentes) como a ti mismo. Fue aún más especifico en Lucas 6:27-28, donde dijo: Pero a vosotros los que oís, os digo: Amad a vuestros enemigos y haced bien a los que os aborrecen; bendecid a los que os maldicen y orad por los que os maltratan. Cristo no vino a amar y morir por las personas amables y justas del mundo. De haber sido así, todos tendríamos problemas. En cambio vino a amar y morir por los injustos, los desconsiderados, los egoístas. A medida que crecemos en nuestra comprensión de su amor para con nosotros y seguimos comprendiendo que nos ha rescatado de la justa condenación que merecemos por causa de nuestros pecados, gradualmente llegaremos a ser más pacientes y bondadosos con otros cuando fallen. Puede ser muy provechoso si comparamos el fracaso o el pecado de otros con nuestro pecado por el cual Cristo murió: No hay nada que nadie pueda hacerme que se compare con mí pecado de rebelión que Cristo ha perdonado completamente. Eso debe ampliar nuestra perspectiva.

Tendemos a cometer dos grandes errores cuando castigamos a otros por sus fracasos. El primero es que condenamos a las personas no solamente por el pecado en sí, sino también por sus errores. Cuando fracasan personas que han hecho lo mejor que podían, no necesitan nuestras censura mordaz. Necesitan nuestro amor y estimulo. De nuevo, con frecuencia tendemos a censurar a otros porque sus acciones (ya sea que reflejen una abierta desobediencia o un simple error) nos hacen aparecer como fracasados y nuestro propio fracaso nos es inaceptable. Las relaciones entre esposo/esposa, padre/madre-hijo(a) y jefe-empleado(a), son especialmente vulnerables a la amenaza representada por el fracaso de otra persona. Una esposa se enoja con su esposo por su broma de mal gusto en una comida importante. Un padre/madre estalla porque el niño tiró la leche accidentalmente. Un jefe regaña a un empleado porque un error en sus cálculos lo hace quedar mal ante su supervisor. Las personas por lo general tienen dificultad en encarar sus pecados. No aumentemos sus problemas al condenarlas por sus errores.

Un segundo error que cometemos a menudo al condenar a otros, es creer que somos agentes divinos de condenación. Incapaces de tolerar la injusticia, parece que tenemos urgencia por equilibrar las balanzas del bien y del mal. Tenemos razón al reconocer que el pecado es reprensible y merece condenación, sin embargo, Dios no nos ha autorizado para castigar a otros por sus pecados. Juzgar es responsabilidad de Dios, no del hombre.

Jesús trató este asunto de manera específica cuando varios hombres querían apedrear a una mujer sorprendida en adulterio. Les dijo que la persona sin pecado lanzara la primera piedra. Empezando con el mayor, todo los acusadores se fueron a medida que recordaron sus propios pecados (Juan 8:3-8). A la luz de su propia pecaminosidad, ya no juzgaron conveniente condenar los pecados de otra persona.

Como este incidente lo ilustra claramente, debemos dejar la justa condenación y castigo en manos de Aquel que es digno de tal responsabilidad. Nuestra respuesta debe ser una de amor, afirmación y posiblemente corrección compasiva.

Cuando otros nos ofenden o nos insultan, ¿debemos decirles que nos han hecho enojar o que han herido nuestros sentimientos? Puede ser difícil contestar esta pregunta. Algunos psicólogos nos dicen que debemos descargar todas nuestras emociones porque la reprensión no es saludable. Otros nos dicen que nuestras emociones siempre serán positivas y controladas si verdaderamente andamos con el Señor. Debemos evitar ambos extremos. Descargar nuestro enojo de manera incontrolable no es una solución saludable, pero tampoco lo es la continua reprensión y negación.

Necesitamos un ambiente seguro para expresar nuestras emociones: un buen amigo o consejero que nos ayude a reconocer nuestros verdaderos sentimientos que tal vez hemos reprimido por años. También podemos aprender a expresarnos completamente ante el Señor y contarle nuestros verdaderos sentimientos, temores, esperanzas y sueños. (Los Salmos están llenos de expresiones sinceras de enojo, dolor, confusión, esperanza y Fe). En este ambiente seguro, podemos aprender paulatinamente cómo comunicarnos de manera apropiada con los que nos han herido. Esto demanda sabiduría porque a menudo cada situación y cada persona requieren una forma diferente de comunicación.

A medida que aprendemos a relacionarnos apropiadamente con quienes nos han lastimado o herido de alguna manera, empezamos a desarrollar un saludable sentido de seguridad, un componente importante en nuestra influencia sobre el comportamiento de otras personas hacia nosotros. Por ejemplo, si otras personas son descorteses, pero nunca se dan cuenta de ello porque aceptamos su comportamiento pasivamente en un esfuerzo por no disgustarles, generalmente suceden cuando menos dos cosas: nos llenamos de resentimiento hacia ella, y ellas nunca tienen que enfrentarse con su impacto negativo sobre otras personas. Así pierden una importante oportunidad para cambiar y nosotros en realidad prolongamos su comportamiento perjudicial. Hay formas apropiadas e inapropiadas para comunicar a otros nuestro sentimiento de enojo o resentimiento, pero hay que expresar esos sentimientos, tanto para beneficio de ellos como de nosotros.

También necesitamos recordar que aprender cómo expresar nuestros sentimientos de manera apropiada es un proceso. No podemos esperar responder perfectamente a todo el mundo. Se requiere tiempo para expresar años de dolor reprimido. También se requiere tiempo para aprender a responder de manera firme y clara. Debes tenerte paciencia.

Tenemos una elección respecto a nuestra respuesta al fracaso: Podemos condenar o podemos aprender. Todos fracasamos, pero esto no quiere decir que somos un fracaso. Necesitamos entender que fracasar puede ser un paso hacia la madurez, no una mancha permanente en nuestra autoestima. Como niños que están aprendiendo a caminar, todos tropezamos y caemos. Y como niños, podemos levantarnos y empezar de nuevo. No tenemos que permitir que el fracaso impida que Dios nos utilice.

Ha habido muchas ocasiones en mi vida cuando he sentido que Dios me iba a castigar haciéndome perder todo lo que tenía, ya fuera porque había hecho algo que no debía, o porque había dejado de hacer algo que debía haber hecho. Esta percepción equivocada de Dios, me ha apartado de Él en muchas ocasiones cuando más lo he necesitado y es totalmente contraria a la de que Aquel a quien Pablo describió como el Padre de misericordia y Dios de toda consolación (2 Corintios 1:3).

Si hemos confiado en Cristo para nuestra salvación, Dios nos ha perdonado y quiere que experimentemos su perdón de día en día. Moisés fue un asesino, pero Dios lo perdonó y lo usó para liberar a Israel de Egipto. David fue un adultero y asesino, pero Dios lo perdonó y lo hizo un gran rey. Pedro negó al Señor, pero Dios lo perdonó y llegó a ser un gran líder de la Iglesia. Dios se regocija cuando sus hijos aprenden a aceptar Su perdón, se levantan y caminan después de haber tropezado. Pero también tenemos que aprender a perdonarnos a nosotros mismos. En lugar de ver nuestras debilidades como una amenaza para nuestro amor propio, Dios desea que nos constriñan a progresar en nuestra relación con El. Como escribió el autor de Hebreos:

> *Por tanto, teniendo un gran sumo sacerdote que ha traspasado los cielos, Jesús el Hijo de Dios, retengamos nuestra confesión. 15 Porque no tenemos un sumo sacerdote que no puede compadecerse de nuestras debilidades, pues él fue tentado en todo igual que nosotros, pero sin pecado. 16 Acerquémonos, pues, con confianza al trono de la gracia para que alcancemos misericordia y hallemos gracia para el oportuno socorro. (Hebreos 4:14-16)*

Algunos tenemos la tendencia de percibir a Jesús como nuestro amigo y a Dios como un severo disciplinario. Mas el autor de Hebreos describió a Jesús como el resplandor de Su gloria (de Dios) y la expresión exacta de Su naturaleza (Hebreos 1:3).

Estudiar pasajes como estos y pasar tiempo con cristianos compasivos y perdonadores ha permitido que el Espíritu Santo reformara mi percepción de Dios a través de los años. Sigo sintiendo remordimiento cuando fallo. Pero en lugar de esconderme de Dios, temiendo su castigo, con más frecuencia me acerco a El agradecido por lo que Su amor ha logrado en mí.

Tanto aceptar la culpa por el fracaso como asignarla a otras personas puede causar varias consecuencias perjudiciales. En la actualidad muchos psicólogos apoyan una teoría que llaman Terapia Emotiva Racional. Esta teoría, que es de mucho provecho, afirma que la culpa constituye el centro de la mayoría de los trastornos emocionales. Insisten en que la respuesta consiste en que cada uno de nosotros deje de censurarse a sí mismo y a otros y que aprendamos a aceptarnos a nosotros mismos a pesar de nuestras imperfecciones. Y tienen toda la razón! La muerte de Cristo constituye el pago completo por el pecado y podemos reclamar su completo perdón y aceptación diariamente.

Varios problemas emocionales provienen de la creencia falsa de que tenemos que satisfacer ciertas normas a fin de ser aceptables y que la única manera de tratar con las insuficiencias es castigarnos y castigar a otros por ellas. No hay manera de que podamos llevar una carga tan pesada. Nuestro sentido de culpa nos vencerá y el peso de nuestros fracasos nos quebrantará.

La creencia falsa, quienes fracasan (incluyéndome a mi) no son dignos de ser amados y merecen ser castigados, es la raíz de nuestro temor al castigo y nuestra propensión a castigar a otros. ¿Hasta qué punto eres afectado por esta mentira? Has la siguiente prueba para determinar el alcance de su influencia en tu vida:

LA PRUEBA DEL TEMOR AL CASTIGO/CASTIGANDO A OTROS

Lee cada una de las declaraciones que siguen, luego, escoge de entre los encabezados el término que mejor describe tu reacción. Pon en el espacio al lado de cada declaración el número correspondiente:

1	2	3	4	5	6	7
Siempre	Con mucha frecuencia	A menudo	A veces	Raras veces	Muy raras veces	Nunca

____ 1. Tengo miedo de lo que Dios puede hacerme
____ 2. Después de fallar me preocupo por la respuesta de Dios
____ 3. Cuando veo a alguien en una situación difícil, me pregunto que habrá hecho para merecerlo
____ 4. Cuando algo va mal tiendo a pensar que Dios me está castigando
____ 5. Soy muy duro conmigo mismo cuando fallo
____ 6. Censuro a las personas cuando fallan
____ 7. Me enojo con Dios cuando prospera alguien que es inmoral o deshonesto
____ 8. Cuando veo a otras personas haciendo mal, me siento constreñido a decírselos
____ 9. Tiendo a fijarme en las faltas y las fallas de otras personas
____ 10. Me parece que Dios es severo.
____ Total. (Suma los números que has colocado en los espacios)

Interpretación del resultado

Si tu resultado es…

57-70
Parece que Dios te ha dado un gran aprecio de amor y aceptación incondicionales. Parece que estas libre del miedo al castigo que tortura la mayoría de las personas. (Algunas personas que alcanzan este total o viven demasiado engañadas o se han vuelto insensibles a sus emociones como una manera de suprimir el dolor).

47-56
Rara vez o solo en ciertas ocasiones o situaciones, el miedo al castigo y la propensión de castigar a otros controlan tus respuestas. De nuevo, las únicas excepciones son las personas que no son sinceras consigo mismas.

37-46
Cuando sufres problemas emocionales, puedes tener la tendencia de relacionarlos con el miedo al castigo o con un impulso interior de castigar a otros. Al pensarlo, probablemente relacionarás con este miedo muchas de tus decisiones anteriores. Muchas de tus decisiones futuras también serán afectadas por el miedo al castigo y/o propensión de castigar a otros, a menos que hagas algo para vencer esas tendencias.

27-36
El miedo al castigo influye en todas las áreas de tu vida. Probablemente hay pocos días en que no te sientes afectado de alguna manera por el miedo al castigo y la propensión de culpar a otros. Desafortunadamente, esto te roba del gozo y la paz que tu salvación debe traerte.

0-26
Las experiencias de haber sido castigado dominan tu memoria y probablemente has sufrido mucha depresión como resultado de ellas. Estos problemas perdurarán hasta poner en práctica algún plan definido. En otras palabras, esta condición no desaparecerá por sí sola. El tiempo solo no puede sanar tu dolor. Necesitas experimentar una profunda sanidad en tu amor propio, en tu relación con Dios y en tus relaciones con otras personas.

LOS EFECTOS DEL TEMOR AL CASTIGO Y LA PROPENSION DE CASTIGAR A OTROS

El resultado lógico de la mentira de Satanás: Valor propio = Comportamiento + las opiniones de otros, es el temor al fracaso, al rechazo y al castigo. Cuando basamos nuestra seguridad y nuestro valor en lo bien que nos comportamos y cómo deseamos que otros nos vean, el fracaso nos presenta una amenaza tremenda. Cuando nos sentimos amenazados, frecuentemente nos alejamos de la causa de nuestro miedo y/o nos volvemos muy dominantes con respecto a nosotros mismos y a otras personas. Por ejemplo, en un esfuerzo por evitar el fracaso, podemos apegarnos a un horario algo rígido en que estamos casi seguros del éxito y evitar aquellas actividades que prometen menos. Ya que a menudo percibimos a aquellas personas más cercanas a nosotros como un reflejo de nosotros mismos y en consecuencia sus fracasos constituyen una amenaza, es probable que también tratemos de controlar su comportamiento. Y si también hemos determinado que los que fracasan merecen ser castigados, tendremos la tendencia a tomar represalias contra nosotros y/u otras personas por casi cualquier error.

Debido a nuestra inseguridad, algunos nos protegemos tanto que raras veces podemos ver que estamos equivocados. Podemos ser prontos para acusar y censurar las debilidades de otros, pero ser ciegos a nuestras faltas y debilidades. Esta actitud puede llevarnos a orar por otros (que tiene "más necesidad"), pero puede impedir que nosotros busquemos a Dios por nuestra frecuente incapacidad de ver lo que necesitamos, o porque cuando fracasamos quizás creemos que él tiene la culpa.

Algunos vamos al otro extremo. Podemos estar tan absortos en nuestra situación y ser tan exigentes con nosotros mismos que cuando fallamos creemos que somos los únicos responsables. En lugar de echar la culpa a otra persona, nos castigamos y protegemos a los que nos lastiman justificándolos. Ella no quiso decir lo que dijo. Estoy segura de que él me ama, es que le cuesta demostrarlo. Si tenemos la tendencia de castigarnos a nosotros mismos por los fracasos, podemos creer que tenemos que sentir remordimiento por cierto tiempo antes de volver a sentir la paz y el gozo. En una forma tergiversada de automotivación, podemos pensar que si nos condenamos lo suficiente, tal vez no volveremos a fracasar.

En algún punto intermedio de este cuadro estamos los que exigimos tanto de nosotros mismos que proyectamos sobre otros nuestra actitud de autocondenación. Juzgar a otros puede ser una reacción a nuestra gran necesidad de ser consecuentes y castigar el fracaso en otros. Insistiendo en la justicia, también podemos sentir la responsabilidad de ser instrumentos de corrección divina. Normalmente no nos gusta ver que otros se salgan con la suya sin ser castigados por algo que merece castigo (o tal vez, algo que nosotros mismo quisiéramos hacer).

Por último, algunos decimos que ya que el castigo es inevitable, nos conviene gozar de la vida y disfrutar de nuestro pecado antes de que venga el juicio.

El miedo al castigo y la tendencia de castigar a otros puede afectar nuestra vida de muchas maneras. Lo que sigue es una breve descripción de problemas comunes que frecuentemente resultan de este desacierto:

Castigo autoinfligido

Muchos funcionamos de acuerdo con la teoría de que si somos lo suficientemente exigentes con nosotros mismos, entonces Dios no tendrá que castigarnos. No reconocemos que Dios nos disciplina con amor y nunca con ira. Ya que Dios nos ama incondicionalmente y no nos castiga, no necesitamos autocastigarnos.

Quizás tú has desarrollado un sistema de autocastigo. Típicamente este sistema gira alrededor de la determinación de la magnitud del pecado y luego determina el tiempo en el que deberás permanecer en autocastigo. Si es un pecado pequeño y especialmente si nadie sabe que lo hiciste, tu autocastigo durará unas pocas horas o por un mucho, el resto del día. Entre más grande el pecado, más grande la autocondenación. Muchos pasan toda su vida condenándose a sí mismos. Este proceso nunca te llevará a tener una vida más santa. Examinaremos esto más a fondo en el capítulo 12. Culpabilidad Vs. Condenación.

Amargura

En esencia, acusamos a Dios de ser lo que se describe en el Apocalipsis como el hermano acusador. Esto es acusar a Dios de comportarse como Satanás. Esto ignora lo que Dios nos dice que no hay condenación para los que estamos en Cristo Jesús.

No es de extrañar que existan muchos cristianos amargados, furiosos con Cristo, considerando a todos aquellos que han sido engañados creyendo que las actividades de Satanás son realmente Dios trabajando en nuestras vidas. Satanás disfruta mucho esto porque predispone a los hijos de Dios hacia él y los deja vulnerables para más mentiras de Satanás.

Pasividad

El miedo al castigo se encuentra en el centro de uno de los problemas más comunes de nuestra sociedad: la pasividad. La pasividad es el descuido de nuestras mentes, tiempo, dones o talentos por medio de la inactividad. Dios quiere que cooperemos activamente con El, pero el miedo puede tener un efecto paralizador sobre nuestra voluntad. La pasividad tiene como resultado una vida insulsa, que evita riesgos y pierde oportunidades.

Castigar a otros

Nuestra reacción específica a las fallas de otros depende de varios factores: nuestra personalidad, la naturaleza de esas fallas y cómo nos hacen quedar a nosotros. (Su error me hace quedar como un tonto, o... un mal padre, o... un mal líder, o... un pésimo empleado). Nuestra condenación de los que fallan puede tomar la forma de abuso verbal, abuso físico, critica persistente, negarles nuestro aprecio y afecto, o no hacerles caso. Generalmente todas estas reacciones tienen como fin "hacerles pagar por lo que hicieron".

Miedo de todo tipo

El juego de la culpa nos deja sintiéndonos absolutamente solos sin la fe necesaria para vivir sin miedo. Miedo y Fe no pueden ir juntas. Una siempre va a dominar a la otra. Entre más dejes sentir miedo, más difícil será que experimentes fe en tu vida.

El miedo al castigo y el deseo de castigar a otros puede vencerse por medio del reconocimiento de que Cristo ha llevado el castigo que merecemos. Sus designios en relación con nosotros son amorosos y bondadosos. Su disciplina tiene el propósito de corregirnos y protegernos de la destrucción del pecado, no el de castigarnos.

Capitulo 8

LA RESPUESTA DE DIOS: PROPICIACION

¿Realiza Dios encuestas de opinión para determinar la verdad?

¿Tu opinión se ve afectada con lo que es la verdad?

Si algunas veces las cosas espirituales son verdad, ¿esto afecta la naturaleza de esa verdad?

¿La verdad importa?

¿Dios cambia la verdad?

¿Dios se acomoda al hombre o es el hombre el que se acomoda a Dios?

Antes de describir lo que es la propiciación, por qué la necesitamos y cómo esta afecta nuestras vidas, tú deberías pensar cuidadosamente acerca de las preguntas enunciadas arriba. Hay algunos quienes pueden argumentar esa información acerca de Dios y lo que Él dice, mientras la verdad, es relativa. Esto es un atentado del hombre para hacer de Dios su siervo, porque no quieren ser siervos de Dios.

Estoy a punto de describir el lado fuerte de Dios. Pero es también la razón por la cual podemos depender de Dios y Su Palabra. Dios es santo. Para ser francos con la santidad de Dios, El castiga a aquellos que su justicia no es la misma que la de Él. (Si esta afirmación te molesta, quizás deberías leer nuevamente el capitulo 4 que habla de la justificación).

Esto podría no ser justo para ti. Muchas de las cosas que Dios dice acerca del pecado, puede sonar injustas para ti. Podemos pensar: Dios, tu eres grande, ¿por qué no puedes pasar por alto algunas cosas? Pero Dios y lo que El hace no está a votación ni discusión. El no está compitiendo por una candidatura, por ganar tus votos, porque no lo necesita, el es Dios. El cree que es justo al determinar las reglas y lo es. El no va a cambiar para ser más popular.

Solamente si entendemos lo terrible de caminar bajo la ira del Dios Santo por nuestros pecados, vamos a valorar lo que Cristo hizo en la cruz. Todos los días nuestra mente debería estar abrumada de agradecimiento por lo que El hizo por nosotros.

Cuando Cristo murió en la cruz, lo hizo como nuestro substituto. Llevó sobre sí la justa ira de Dios que nosotros merecíamos. La profundidad del amor de Dios se revela en lo extremo de sus acciones a nuestro favor: el santo Hijo de Dios se hizo hombre y murió una horrible muerte en nuestro lugar. Hay dos pasajes que lo expresan de manera elocuente. El primero fue escrito por Isaías, quien anticipó la venida de Cristo:

Ciertamente llevó él nuestras enfermedades, y sufrió nuestros dolores; y nosotros le tuvimos por azotado, por herido de Dios y abatido. 5 Mas él herido fue por nuestras rebeliones, molido por nuestros pecados; el castigo de nuestra paz fue sobre él, y por su llaga fuimos nosotros curados. 6 Todos nosotros nos descarriamos como ovejas, cada cual se apartó por su camino; mas Jehová cargó en él el pecado de todos nosotros. (Isaías 53:4-6)

Y del nuevo testamento:

En esto se mostró el amor de Dios para con nosotros, en que Dios envió a su Hijo unigénito al mundo, para que vivamos por él. 10 En esto consiste el amor: no en que nosotros hayamos amado a Dios, sino en que él nos amó a nosotros, y envió a su Hijo en propiciación por nuestros pecados. 11 Amados, si Dios nos ha amado así, debemos también nosotros amarnos unos a otros. (1 Juan 4:9-11)

Propiciación quiere decir que se ha satisfecho la ira de alguien a quién se le ha hecho algún mal injustamente. Es un hecho que calma la hostilidad y satisface la necesidad de venganza. Dar a su Hijo unigénito como propiciación por nuestro pecado fue la demostración más grande posible del amor que Dios tiene por el hombre.

Para poder entender la maravillosa provisión que Dios hizo de propiciación, es necesario recordar lo que Él ha aguantado a la humanidad. Desde el pecado de Adán y Eva en el huerto del Edén hasta la evidente depravación que vemos en nuestro mundo actualmente, la historia humana es principalmente una de avaricia, odio, lujuria y orgullo, evidencia de la desenfrenada rebeldía del hombre en contra del Dios de amor y paz. Si no se hacen con el deseo de glorificarle a Él, nuestras buenas obras son como trapos de inmundicia delante de Dios. (Isaías 64:6).

Nuestro pecado merece la justa ira de Dios. El es todopoderoso, el legitimo Juez del universo. Es absolutamente santo y perfecto. Dios es luz y en El no hay ninguna tiniebla (1 Juan 1:5). Debido a estos atributos, Dios no puede pasar por alto el pecado, ni puede transigir aceptando comportamientos pecaminosos. El que Dios condonara aún un solo pecado mancharía su santidad como si le untara brea negra a un traje de novia hecho de satén blanco.

Porque El es Santo, la aversión que Dios tiene al pecado se manifiesta en su justa ira. Sin embargo, Dios no solamente siente justa indignación por el pecado, sino que también siente infinito amor. En su santidad, Dios condena el pecado, pero en el ejemplo más asombroso de amor que el mundo jamás ha visto, ordenó que su Hijo muriera en pago por nuestros pecados. Dios sacrificó al inmaculado, perfecto salvador para lavar, propiciar, su gran ira.

¿Y por quién murió Cristo? ¿Fue por los santos que lo honraron? ¿Fue por un mundo que agradecía su vida inmaculada y lo adoraba? ¡NO! Cristo murió por nosotros, mientras todavía estábamos en rebelión en contra de Él.

Porque Cristo, cuando aún éramos débiles, a su tiempo murió por los impíos. 7 Ciertamente, apenas morirá alguno por un justo; con todo, pudiera ser que alguno osara morir por el bueno. 8 Mas Dios muestra su amor para con nosotros, en que siendo aún pecadores, Cristo murió por nosotros. 9 Pues mucho más, estando ya justificados en su sangre, por él seremos salvos de la ira. 10 Porque si siendo enemigos, fuimos reconciliados con Dios por la muerte de su Hijo, mucho más, estando reconciliados, seremos salvos por su vida. 11 Y no sólo esto, sino que también nos gloriamos en Dios por el Señor nuestro Jesucristo, por quien hemos recibido ahora la reconciliación. (Romanos 5:6-11)

¿Quién puede medir la profundidad insondable del amor que envío a Cristo a la cruz? Mientras éramos enemigos de Dios, Cristo aplacó la ira que merecíamos a fin de que pudiéramos llegar a ser hijos de Dios.

¿Qué podemos decir de nuestro santo Padre celestial? Seguramente El no se libró de ver el maltrato que Cristo recibió a manos de hombres pecaminosos: los azotes, la humillación, los golpes. El que creó al mundo con su palabra hubiera podido librar a Cristo de todo el sufrimiento. Sin embargo, el Dios del cielo miró a través del tiempo y anhelaba rescatarnos de nuestros pecados, y designó al Cristo inmaculado para ser nuestro substituto. Solo Cristo podía aplacar la justa ira de Dios contra el pecado, de manera que en el amor, el Padre guardó silencio mientras Jesús pendía de la cruz. Todo su enojo, toda la ira que merecíamos, fue derramado sobre Cristo, y Cristo se hizo por pecado por nosotros (2 Corintios 5:21). Ya que El pagó la pena de nuestros pecados, y la ira de Dios fue vengada, Dios ya no nos mira para juzgarnos, sino que nos prodiga su amor. Las escrituras enseñan que no hay absolutamente nada que pueda separarnos del amor de Dios (Romanos 8:38-39). El nos ha adoptado para tener una relación tierna, íntima y poderosa con El (Romanos 8:15).

Debido a que somos sus hijos, nuestra actuación ya no constituye la base de nuestro valor. Somos amados incondicional y profundamente por Dios, y podemos vivir por fe en su gracia. Estábamos muertos espiritualmente, pero el Señor nos dio nueva vida y nos otorgó la elevada posición de hijos del Dios Todopoderoso. Se necesitará toda la eternidad para comprender la riqueza de su amor y gracia. Pablo explica este don incomprensible de esta manera:

Pero Dios, que es rico en misericordia, por su gran amor con que nos amó, 5 aun estando nosotros muertos en pecados, nos dio vida juntamente con Cristo (por gracia sois salvos), 6 y juntamente con él nos resucitó, y asimismo nos hizo sentar en los lugares celestiales con Cristo Jesús, 7 para mostrar en los siglos venideros las abundantes riquezas de su gracia en su bondad para con nosotros en Cristo Jesús. 8 Porque por gracia sois salvos por medio de la fe; y esto no de vosotros, pues es don de Dios; 9 no por obras, para que nadie se gloríe. (Efesios 2:4-9)

La propiciación, entonces, significa que Cristo ha satisfecho la justa ira de Dios pagando por el pecado. Lo hizo por una sola razón: nos ama; infinita, eterna, incondicional, irrevocablemente, El nos ama. Dios el Padre nos ama con el amor de un padre, alcanzándonos para arrancarnos del peligro. Dios el Hijo nos ama con el amor de un hermano, poniendo su vida por nosotros. Solo El ha apartado de nosotros la ira de Dios. No hay nada que podamos hacer, ninguna cantidad de obras buenas que podamos realizar, ni ceremonias religiosas que podamos efectuar que puedan pagar el precio por nuestros pecados. Cristo lo ha pagado de manera tan concluyente que podemos librarnos de la condenación eterna y sentir su amor y sus propósitos, tanto ahora como para siempre.

Cristo no solamente pagó por nuestros pecados en cierto momento del tiempo, sino que sigue animándonos y enseñándonos día tras día. Tenemos un arma que podemos usar contra Satanás cuando nos ataca con dudas del amor de Dios hacia nosotros. Nuestra arma es el hecho de que Cristo tomó sobre sí nuestro castigo en el Calvario. Ya no tenemos que temer ser castigados por nuestros pecados porque Cristo los pagó todos: pasados, presentes y futuros. Esta tremenda verdad de la propiciación demuestra claramente que Dios nos ama verdadera y profundamente. Su perfecto amor echa fuera todo temor a medida que permitimos que inunde nuestro corazón (1 Juan 4:18).

OBSTACULOS POTENCIALES PARA RECIBIR ESTA VERDAD

MODELOS POBRES DE MOTIVACION

Todos en algún momento de nuestras vidas nos hemos sentido mal con nosotros mismos debido a motivaciones de otros. Podría ser natural usar esta metodología en otros, de la misma manera en que la usamos en nosotros. Para aquellos que piensan que esta es una metodología razonable para usar, miren en la Biblia de Estudio "Dake", la cual lista 1.050 mandamientos para los cristianos solo en el nuevo testamento. Intenta poner esta lista en tu refrigeradora y condenarte a ti mismo cada vez que violes alguno de los 1.050 mandamientos. Esto es una vía segura para perder cualquier sentido de gozo que Dios quiere que experimentes. En un capitulo siguiente, vamos a demostrar que la Biblia nos advierte que aceptar condenación podría, de hecho, incrementar el pecado en nuestras vidas.

CONSERVADO LA FALTA DE PERDON

Mantenemos la falta de perdón por muchas razones, incluyendo el evitar ser herido de nuevo por aquellos que nos han ofendido. A continuación podrás ver algunas de las razones por las cuales conservamos esa falta de perdón:

- La ofensa fue demasiado grande
- Él o ella no acepta la responsabilidad por su ofensa
- Él o ella no está realmente arrepentido
- Él o ella nunca ha pedido que lo perdone
- Él o ella lo hará de nuevo
- Él o ella lo hizo de nuevo
- No me gusta él o ella
- Él o ella lo hizo deliberadamente

- Si lo(la) perdono, voy a tener que tratarlo(a) bien
- Alguien tiene que castigarlo(a)
- Algo no me deja perdonar
- Sería hipócrita si perdono, porque no siento perdonar
- Puedo perdonar, pero no puedo olvidar
- Puedo perdonar porque encontré una excusa por la ofensa.

Como lo menciono en mi libro "La búsqueda de paz", si conservamos la falta de perdón, no podremos aceptar nuestro propio perdón. De hecho, la única manera de escapar a la tormenta de la falta de perdón, es empezar a contemplar nuestro propio perdón hasta que nuestra vida sea impactada de tal manera que seamos capaces de perdonar de corazón.

¿Cómo empezamos a liberarnos de la mentira de Satanás de que los que fallan no son dignos de ser amados y merecen ser castigados? Seremos cada vez más libres a medida que entendamos y apliquemos la verdad de la propiciación en el contexto de relaciones cariñosas que nos dan sostén, en que podemos expresarnos sinceramente y recibir tanto el calor de la aprobación como el desafío de la Palabra de Dios.

Las escrituras indican que Satanás acusa a los creyentes de ser indignos de la gracia de Dios. Desea que nos acobardemos por el miedo al castigo. Considera este pasaje de Apocalipsis 12:10-11:

> *Entonces oí una gran voz en el cielo, que decía: Ahora ha venido la salvación, el poder, y el reino de nuestro Dios, y la autoridad de su Cristo; porque ha sido lanzado fuera el acusador de nuestros hermanos, el que los acusaba delante de nuestro Dios día y noche. 11 Y ellos le han vencido por medio de la sangre del Cordero y de la palabra del testimonio de ellos, y menospreciaron sus vidas hasta la muerte.*

¿Cómo hemos de vencer a Satanás, el acusador, y experimentar nuestra aceptación en Cristo? De acuerdo con este pasaje de la Escritura, hay solamente una manera: por la sangre que Cristo derramó en la cruz del Calvario, la sangre del cordero. Para hacerlo, primero tenemos que dejar de tratar de vencer con actos de penitencia nuestros sentimientos de condenación y de fracaso. Defendernos o tratar de pagar nuestros pecados con nuestros hechos, sólo lleva a un espiral de culpa-penitencia, porque nunca podemos hacer suficiente por nosotros mismos para justificar nuestros pecados.

A veces he pensado que no podía sentirme perdonado hasta haber sentido remordimiento por mi pecado durante cierto periodo de tiempo. Estas ocasiones han producido depresión, porque apenas había completado mi penitencia por un pecado, cuando ya había pecado nuevamente. Así, tenía que sentirme mal por un tiempo por ese pecado, sólo para volver a pecar otra vez y otra vez y otra vez y…

Con el tiempo empecé a darme cuenta de que disponía de tres opciones: podía seguir tratando de compensar por mi pecado mediante un periodo de lamentación, de la duración que me pareciera adecuada (aunque eso no estaba sirviendo de mucho); podía tratar de negar que había pecado (aún cuando sabía que lo había hecho); o podía abandonar la idea de usar mi culpa como una especie de penitencia, y confiar en el perdón de Cristo. Inicialmente, por supuesto, estás opciones no me parecían tan claras como han llegado a ser con el tiempo y la meditación.

No importa cuánto hagamos para compensar por nuestro pecado, seguiremos sintiéndonos culpables y creyendo que necesitamos hacer más, a menos que resistamos a Satanás, el acusador de los hermanos. Esto puede lograrse solamente porque la sangre de Cristo ha pagado completamente por nuestros pecados y nos ha liberado de la culpa.

En segundo lugar, necesitamos expresar verbalmente lo que la sangre de Cristo ha hecho por nosotros: somos profundamente amados, completamente perdonados, plenamente agradables, totalmente aceptados y completos en Cristo.

Como dice la Biblia en Apocalipsis 12:11, no debemos amar nuestras vidas (la emoción, la comodidad, el prestigio y la posición) hasta el punto de la muerte espiritual. El amor al mundo y sus placeres nos dejan espiritualmente impotentes. Tenemos que decir que nuestras mentes ya no son la fuente de la verdad, y en su lugar, obtener nuestro conocimiento, sabiduría y dirección de las Escrituras. Hay dos pasos prácticos que ayudarán para que estas verdades sean una realidad en nuestras vidas:

1. En un lado de una tarjeta de unos 7x12 centímetros, escribe lo que sigue: por causa de Cristo y su redención, soy profundamente perdonado y totalmente agradable a Dios. Soy totalmente aceptado por Dios.
2. Al otro lado de la tarjeta, escribe las palabras de Romanos 5:1 y Colosenses 1:21-22.

Lleva la tarjeta contigo durante los próximos 28 días. Cada vez que busques algo para tomar o hagas cualquier actividad de rutina, mírala y recuerda lo que Cristo hizo por ti. Este ejercicio te ayudará a formar el hábito de meditar sobre estas verdades liberadoras. A medida que lees y aprendes de memoria estas afirmaciones y estos pasajes, piensa cómo se aplican a ti. La memorización y la aplicación de estas verdades, afectarán tu vida profundamente a medida que tu mente es transformada paulatinamente por la Palabra de Dios.

Capitulo 9

LA VERGÜENZA

SOY LO QUE SOY. NO PUEDO CAMBIAR. SOY UN CASO PERDIDO

> *¿Existe algo acerca de tu vida (hechos pasados, algo que te hicieron, alguna cosa de tu apariencia), que crees que te hace imposible sentir permanentemente felicidad, paz y gozo?*

Cuando basamos nuestro concepto de valor propio en los fracasos del pasado, el descontento con nuestra apariencia personal, o nuestros malos hábitos, con frecuencia adquirimos una cuarta creencia falsa: Soy lo que soy; no puedo cambiar; soy un caso perdido. Esta mentira encadena a las personas al pesimismo desesperado que se asocia con un bajo concepto de uno mismo.

No puedo remediarlo, dicen algunas personas. He sido así toda la vida, y así seré siempre. Loro viejo no aprende a hablar. Suponemos que otros deben tener también expectativas bajas en relación con nosotros. Tu sabes que no lo puedo hacer mejor, ¿Qué esperas?

Si disculpamos con demasiada frecuencia nuestros fracasos con una actitud de desesperanza, nuestra personalidad se encadena a ellos. La imagen que tenemos de nosotros mismos se convierte en un mero reflejo de nuestro pasado.

Cuando Laura le preguntó a Juanita si le gustaba servir como presidenta auxiliar de damas por un año, ésta perdió el aplomo y la confianza que exteriorizaba.

¿Lo dices en serio? Preguntó. Tu sabes que nunca he sido una líder y ni siquiera me he llevado bien la gente. No, no, yo solo sería una vergüenza para ustedes. No, no puedo, ¿no ves?

Juanita sufría de un concepto bajo de sí misma. Sus opiniones de sí misma se basaban en sus fracasos del pasado y esos fracasos impedían que gozara de nuevas experiencias.

Una vez un joven llamado José, objetó cuando le dije que necesitaba separar su pasado del presente, y que ninguna ley natural decretaba que tenía que seguir siendo el mismo individuo que siempre había sido. Le dije que podía cambiar, que podía sobreponerse al pasado y hacerse una nueva vida.

Pero, ¿cómo?, preguntó José. Yo soy demasiado realista para eso. Me conozco. Se lo que he hecho y quién soy. He tratado de cambiar, sin lograrlo. Ya me di por vencido.

Le explique a José que necesitaba una nueva perspectiva, no nuevos esfuerzos basados en su antigua actitud pesimista. Necesitaba adquirir un nuevo concepto de sí mismo basado en el amor y la aceptación incondicionales de Dios. Tanto los fracasos de José en el pasado como el amor incondicional de Dios eran realidades, pero la pregunta era a cuál de ellos le daría más importancia. Si seguía dando importancia a sus fracasos, seguiría dominado por la lástima que se tenía a sí mismo. En lugar de ello, necesitaba ser más sincero. Necesitaba a alguien con quien hablar abiertamente, con quien expresar sus sentimientos sin miedo de ser rechazado. Y necesitaba que le estimulara a estudiar y aplicar las verdades de la Palabra de Dios. A medida que persistiera en este proceso, su concepto de valor propio empezaría a cambiar. Además de un nuevo concepto en cuanto a su propio valor, con el tiempo experimentaría cambios en todos los aspectos de su vida: sus metas, sus relaciones y su perspectiva.

Con demasiada frecuencia la imagen que tenemos de nosotros mismo se basa solamente en una evaluación de nuestro comportamiento pasado, que medimos solo a través de un recuerdo. Día tras día, año tras año, tendemos a edificar nuestras personalidades sobre los escombros de las desilusiones personales de ayer.

Tal vez encontramos algún extraño consuelo en nuestros fracasos personales. Quizás nos da alguna seguridad aceptarnos como mucho menos de lo que podemos llegar a ser. Esto disminuye el riesgo de fracaso. Ciertamente si esperamos poco de nosotros mismos, raras veces nos desilusionaremos.

Pero nada nos obliga a permanecer en el molde del pasado. Por la gracia y el poder de Dios, podemos cambiar. Podemos perseverar y vencer. Nadie nos obliga a seguir balanceándonos de un pie a otro en el fango de los antiguos fracasos. Podemos atrevernos a aceptar el desafío de edificar una nueva vida.

En una ocasión el doctor Paul Tournier comparó la vida con un hombre que colgaba de un trapecio. La barra del trapecio constituía la seguridad del hombre, la modalidad de su existencia, su estilo de vida. Entonces Dios hizo que otro trapecio entrara a su campo de visión y se encontró frente a un dilema que le causaba perplejidad. ¿Debía renunciar al pasado? El doctor Tournier explicó que la hora de la verdad llegó cuando el trapecista se dio cuenta de que para poder asirse de la nueva barra, tenía que soltar la anterior.

Nuestras relaciones pasadas pueden incluir el dolor intenso del descuido, el maltrato y la manipulación, pero si no iniciamos el proceso de sanidad no podremos experimentar el gozo, el desafío, y si, la posibilidad de fallar en el presente.

He luchado con este proceso de cambio durante la mayor parte de mi vida. Puede ser porque me crie en una familia pobre, o porque mientras crecía a menudo me sentía torpe, o porque había algunas insuficiencias en la vida de mi hogar. Cualquiera que haya sido la razón, crecí con un sentimiento de vergüenza respecto a mí mismo y las circunstancias que me rodeaban.

Como he dicho anteriormente, durante mi niñez con frecuencia me sentía inadecuado. Tenía la impresión de que no daba la medida. Otras personas tal vez no pensaban que yo me sentía así, pero a menudo mi sentimiento de insuficiencia era intenso.

Siendo excepcionalmente alto y delgado, me sentía incomodo con mi apariencia y fuera de lugar con mis compañeros. Por muchos años mis sentimientos de inferioridad impidieron que tratara de invitar a las muchachas a salir conmigo. La amenaza del posible rechazo me impulsaba a apartarme de las reuniones sociales, prefiriendo pasar tiempo con los pocos amigos con quienes me sentía cómodo.

He necesitado toda una vida para entender la verdad de que soy profundamente amado, completamente agradable y totalmente aceptado por el Dios del universo. Pero paulatinamente, estudiando la palabra de Dios y teniendo relaciones cariñosas con otros creyentes que verdaderamente me aprecian y se interesan por mí, he seguido adquiriendo una mejor comprensión de la manera en que Dios me estima. Esto ha mejorado considerablemente mi concepto de valor propio.

Muchos de mis recuerdos del pasado siguen siendo dolorosos y supongo que siempre lo serán. Pero por medio de Cristo mi actitud actual respecto a mi mismo está cambiando continuamente. Saber que no tengo razón para sentir vergüenza, me ha motivado a aceptar varios desafíos que anteriormente ni siquiera hubiera considerado. En el proceso he experimentado fracasos y éxitos. Dios ha usado cada incidente para enseñarme que, a pesar de las circunstancias, mi valor está seguro en El.

Necesitamos ser sinceros respecto al dolor, la ira, la desilusión y la soledad de nuestro pasado. Necesitamos colocarnos en relaciones que nos estimulen a sentir lo que tal vez hemos reprimido por muchos años. Esto nos permitirá empezar (o continuar) a tener esperanza y, con el tiempo, sanidad. El cambio es posible, pero es un proceso.

¿Parece extraño? ¿Parece difícil? Se nos puede hacer difícil renunciar a lo familiar (aunque sea doloroso) a favor de lo desconocido porque nuestro miedo a lo desconocido frecuentemente parece ser más fuerte que el dolor de un concepto bajo de una mismo. Parece mejor seguir con lo conocido. Proverbios 16:25 dice: *Hay un camino que al hombre le parece derecho, pero al final es camino de muerte.*

Cualquier cambio en nuestro comportamiento requiere liberación de nuestro antiguo concepto de nosotros mismos, que frecuentemente está basado en el fracaso y en las expectativas de otros. Necesitamos aprender a relacionarnos con nosotros mismos de una manera nueva. Para lograrlo tenemos que empezar a basar nuestra autoestima sobre la opinión que Dios tiene de nosotros y confiar en su Espíritu para lograr un cambio en nuestras vidas. Entonces, y solo entonces, podemos vencer la mentira de Satanás que tiene dominio sobre nuestra percepción de nosotros mismos y nuestro comportamiento.

Al creer la mentira de Satanás: soy lo que soy, no puedo cambiar, soy un caso perdido, nos hacemos vulnerables al pesimismo y a un pobre concepto de nosotros mismos. Has la prueba que sigue para determinar hasta qué punto estas siendo afectado por esta creencia falsa.

LA PRUEBA DE LA VERGÜENZA

Lee cada una de las declaraciones que siguen, luego, escoge de entre los encabezados el término que mejor describe tu reacción. Pon en el espacio al lado de cada declaración el número correspondiente:

1	2	3	4	5	6	7
Siempre	Con mucha frecuencia	A menudo	A veces	Raras veces	Muy raras veces	Nunca

____ 1. Pienso con frecuencia en fracasos pasados o experiencias de rechazo
____ 2. Hay ciertas cosas en mi pasado que no puedo recordar sin que afloren sentimientos fuertes y dolorosos (Por ejemplo: culpa, vergüenza, ira, miedo, etc.).
____ 3. Parece que comento las mismas faltas una y otra vez.
____ 4. Hay ciertos rasgos de mi carácter que quisiera cambiar, pero no creo tener éxito en hacerlo jamás.
____ 5. Me siento inferior
____ 6. Hay aspectos de mi apariencia que no logro aceptar
____ 7. Generalmente estoy disgustado conmigo mismo
____ 8. Creo que ciertas experiencias básicamente han arruinado mi vida
____ 9. Me considero una persona inmoral
____ 10. Creo que perdido la oportunidad de vivir una vida plena y maravillosa
____ Total. (Suma los números que has colocado en los espacios)

Interpretación del resultado

Si tu resultado es…

57-70
Parece que Dios te ha dado una fuerte apreciación de su amor y aceptación incondicionales. Parece que estas libre de la vergüenza que tortura la mayoría de las personas. (Algunas personas que alcanzan este total o viven demasiado engañadas o se han vuelto insensibles a sus emociones como una manera de suprimir el dolor).

47-56
La vergüenza controla tus emociones raras veces o solo en ciertas circunstancias. De nuevo, las únicas excepciones son las personas que no son sinceras consigo mismas.

37-46
Cuando sufres problemas emocionales, pueden estar relacionados con un sentimiento de vergüenza. Al pensarlo, probablemente relacionarás muchas de tus decisiones anteriores con sentimientos de inutilidad. Muchas de tus decisiones futuras también serán afectadas por el bajo concepto que te tienes, a menos que actúes directamente para sobreponerte a él.

27-36
Por lo general, la vergüenza influye negativamente en todas las áreas de tu vida. Probablemente hay pocos días en que no te sientes afectado de alguna manera. Desafortunadamente, esto te roba del gozo y la paz que tu salvación debe traerte.

0-26
Las experiencias de vergüenza dominan tu memoria y probablemente has sufrido mucha depresión como resultado de ellas. Estos problemas permanecerán hasta que tomes alguna acción definitiva. En otras palabras, esta condición no desaparecerá por sí sola. El tiempo solo no puede sanar tu dolor. Necesitas experimentar una profunda sanidad en tu amor propio, en tu relación con Dios y en tus relaciones con otras personas.

LOS EFECTOS DE LA VERGÜENZA

Susana fue el producto de padres desamorados. Aunque era una muchacha hermosa con ojos castaños y pelo largo y sedoso, Susana nunca parecía ser tan segura de sí misma o tan sociable como sus hermanos y hermanas. Una de las causas fue que cuando tenía 8 años, su padre había abusado de ella sexualmente. Muerta de vergüenza, Susana se apartó de los demás y buscó un escape.

Para cuando cumplió los 16 años, Susana era adicta al alcohol y las drogas y frecuentemente robaba y vendía su cuerpo por dinero. Había aceptado la idea de que no era más que mercancía sexual. Aunque se avergonzaba de su estilo de vida y quería cambiar, no veía manera de hacerlo. Las únicas personas que parecían no rechazarla eran las que la usaban. No solo se sentía avergonzada, sino también atrapada y sola.

A diferencia de Susana, Diana fue criada por padres cristianos. Creció en una iglesia protestante conservadora y fue muy activa en su grupo de jóvenes. Testificaba diligentemente a sus amigos en la escuela, y sus acciones siempre servían de ejemplo a quienes la rodeaban.

Desafortunadamente una noche Diana cometió un error que cambió su vida. Encontrándose solos, ella y su novio se pasaron de la raya. Escandalizados y avergonzados por lo que habían hecho, ambos estuvieron de acuerdo en que debían confesar el incidente a sus padres. Llorosa, Diana se lo confió a su madre, buscando comprensión y apoyo. Pero su madre perdió el control y con amargura le dijo cuán avergonzada y decepcionada se sentía. El padre de Diana no podía creer lo que había hecho y se negaba siquiera a hablarle.

Su relación con sus padres siguió empeorando y después de seis meses Diana se fue de la casa. Con el corazón destrozado y muerta de vergüenza, buscó consuelo y apoyo en su novio. Empezaron a dormir juntos con regularidad y a usar drogas. Creyendo que sus padres nunca la volverían a aceptar, Diana buscó aceptación en la única forma que sabía.

Tanto Susana como Diana sufrían los efectos devastadores de la vergüenza. A menudo la vergüenza nos hunde cuando una falla en nuestro comportamiento es tan crítica, tan abrumadora o tan decepcionante que crea en nosotros una permanente opinión negativa acerca de nuestro valor. Tal vez no saben de nuestro fracaso, pero lo sabemos nosotros. Quizás su rechazo existe solo en nuestra imaginación, pero sea real o imaginado, el dolor resultante debilita nuestra confianza y esperanza.

Por lo general la vergüenza produce culpa y desaprobación de nosotros mismos, pero también puede impulsarnos a buscar a Dios y sus respuestas. Nuestra innegable necesidad interior de significado personal fue creada para hacernos buscar a Dios. Solo Él puede satisfacer nuestra profunda necesidad. En El encontramos paz, aceptación y amor. Por él encontramos el valor y el poder de llegar a ser los hombres y las mujeres que Él quiere que seamos. Aunque Satanás quiere convencernos de que siempre seremos prisioneros de nuestros fracasos y experiencias del pasado, por la gracia de Dios podemos ser liberados de la culpa del pasado y vivir en un nuevo propósito para nuestras vidas.

La vergüenza puede tener efectos potentes sobre nuestro amor propio y puede manifestarse de muchas maneras. Lo que sigue es una breve lista de problemas comunes que se asocian con la vergüenza.

Inferioridad

Por definición, vergüenza es un profundo sentimiento de inferioridad. Los sentimientos de inferioridad pueden resultar de constantes fracasos, o pueden derivarse de uno o dos casos obsesionantes. De cualquier manera, pueden destruir el concepto que tenemos de nuestro propio valor y, como resultado, afectar adversamente nuestras emociones y conducta. Estas percepciones de nosotros mismos no se modifican fácilmente, pero pueden ser cambiadas por medio de la sinceridad, la aprobación de otros, las verdades de la Palabra de Dios, el poder y el estímulo del Espíritu Santo, y el tiempo. Por causa de la redención de Cristo, somos dignos, perdonados, amados, aceptados y completos en El.

Comportamiento destructivo habitual

Por lo general nos comportamos de una manera consecuente con la percepción que tenemos de nosotros mismos. Por lo tanto, vernos a través de los ojos de la vergüenza normalmente resulta en una perspectiva hacia la vida y un comportamiento destructivo habitual.

Tenerse lastima

Con frecuencia la vergüenza hace que nos sintamos victimas. En consecuencia, ya sea que culpemos a otros o nos autocondenemos por nuestras acciones, nos hundimos en el abismo de tenernos lástima a nosotros mismos.

Pasividad

Algunos tratamos de compensar por los sentimientos de vergüenza que nos consumen cayendo en la pasividad, negándonos a invertir alguna parte de nosotros mismos en relaciones y responsabilidades. Quizás en algunas áreas de nuestras vidas somos perfeccionistas compulsivos, pero evitamos tomar riesgos en relaciones y circunstancias. Podemos tener la tendencia a enfrascarnos en actividades marginales (cortar cupones, limpiar la cocina, archivar papeles, leer revistas), a fin de estar "demasiados ocupados" para experimentar la realidad de las relaciones y las situaciones.

Aislamiento y distanciamiento

Con frecuencia el aislamiento en un resultado de la pasividad. Para evitar los riesgos tanto del rechazo como del fracaso, nos retiramos de casi toda interacción significativa. Nos ponemos mascaras para que nadie pueda ver nuestro dolor. Podemos estar activos socialmente, pero no permitir que nadie nos conozca íntimamente. A menudo tememos que si las personas en realidad nos conocieran, volveríamos a sufrir dolor y rechazo. Nuestro profundo sentido de vergüenza nos lleva a distanciarnos de otros, sentirnos aislados, y soportar el dolor de la soledad.

Pérdida de creatividad

Cuando estamos avergonzados de nosotros mismos por un periodo de tiempo, lo mejor de nuestra creatividad se atrofia. Tendemos a preocuparnos tanto de nuestra propia inferioridad que somos incapaces de producir ideas nuevas. Creyendo a menudo que cualquier cosa que intentamos fracasará, tal vez elegimos no hacer nada que no sea un éxito seguro y relativamente libre de riesgo.

Relaciones codependientes

Al tratar de sobreponerse a su sentimiento de vergüenza, muchas personas se vuelven codependientes; es decir, dependen de ser necesitados por un miembro de la familia o un amigo que tiene una compulsión o problema adictivo. Así, los codependientes adquieren la necesidad de rescatar y cuidar de otros. Este cuidado es la forma subconsciente en que el codependiente trata de adquirir significado personal. Sin embargo, tales esfuerzos generalmente son contraproducentes porque a menudo el adicto usa la vergüenza para manipular al codependiente. Una táctica común consiste en decirle al codependiente que es "egoísta" por querer atender a sus asuntos personales en lugar de los del adicto. Esto encierra al codependiente en un círculo vicioso de rescatar para recibir aprobación y de sentirse avergonzado por su incapacidad de adquirir un sentido de valor personal, no importa lo mucho que se esfuerce por lograrlo.

Desprecio de nuestro aspecto físico

En nuestra sociedad se da un gran valor a la belleza. Los anuncios comerciales y los programas de televisión, las revistas y las carteleras todos trasmiten el mensaje que la belleza es de primera importancia. Pero somos muy pocos los que podemos compararnos favorablemente con las personas bellas que vemos en esos anuncios y programas, y la mayoría nos avergonzamos de cuando menos un rasgo de nuestro físico. Gastamos mucho dinero y una cantidad enorme de tiempo y preocupación tapando o modificando nuestro cutis, ojos, dientes, caras, narices, caderas y cueros cabelludos, negándonos a creer que Dios, en su soberanía y amor, nos dio los rasgos que El quería que tuviéramos.

Algunas veces el aceite es arrastrado a una playa hermosa formando una sustancia parecida a la brea. Cuando esto sucede, la brea fácilmente puede trasladarse a nuestros pies, manchando nuestros pies al grado que podemos preguntarnos si alguna vez nos desharemos de la mancha. La vergüenza es la brea emocional de nuestras vidas. A diferencia de la brea de la playa, no podemos deshacernos de esta sin un acto de Dios.

Capitulo 10

LA RESPUESTA DE DIOS: LA REGENERACION

Qué es más poderoso: ¿Tu pecado o la habilidad de Dios para vencer el pecado?

¿El pecado del hombre es más grande que el pago que hizo Jesucristo por él?

¿Puede Dios, quien con Su palabra creó el universo, hacer la diferencia en tu vida?

A este momento, espero que entiendas que nada de lo que haces puede hacer que Dios deje de amarte, como uno de Sus hijos. Para vencer la vergüenza, tú debes aceptar como Dios desea de todo corazón hacer cambios en tu vida que te hagan ser libre de tu pasado.

Quizás quisiéramos que durante la regeneración Dios hubiera hecho algún cambio obvio en nuestra apariencia física o en nuestros sentimientos. Al menos así podríamos *ver* o *sentir* una diferencia en nuestras vidas. Sin embargo, Dios se esmera en comunicarnos que nos ha hecho nuevas criaturas por dentro. Ahora depende de nosotros creer y confiar en Su Palabra.

Quizás ningún otro pasaje de la Biblia ilustra mejor la regeneración como la historia de Zaqueo en Lucas 19:1-10. Zaqueo era cobrador de impuestos, despreciado por la gente por imponer impuestos excesivos sobre sus escasos ingresos. En el mundo romano pocas personas eran más despreciadas que los cobradores de impuestos, que obtenían sus riquezas a expensas de otros.

Un día Zaqueo supo que Jesús visitaba su pueblo y se subió a un árbol sicómoro, a fin de mirar bien al hombre que según se decía amaba aún a los pecadores y los que la sociedad rechazaba. Jesús lo vio en el árbol y para asombro de todos, incluyendo Zaqueo, ¡lo invitó a bajarse y luego fue a comer con él a su casa!

Durante la comida, Zaqueo fue objeto del amor y la aceptación incondicionales de Cristo. Como resultado llegó a ser una persona diferente. Su concepto de sí mismo cambió radicalmente de un cobrador de impuestos estafador y repugnante, a una persona que se sabía amada por Dios. Sus acciones reflejaron este cambio dramático. Prometió arrepentirse por sus pecados y reponer cuatro veces lo que había defraudado. También prometió dar la mitad de sus bienes a los pobres. Por Cristo Zaqueo adquirió un nuevo concepto de sí mismo, nuevos valores, nuevas metas y nueva conducta.

La regeneración no es un programa de automejoramiento, ni una campaña de limpieza para nuestras naturalezas pecaminosas. La regeneración no es otra cosa que la dádiva de una vida nueva. Tal como Pablo lo dijo en Efesios 2:5, estábamos muertos en nuestros pecados, pero ahora hemos sido vivificados en Cristo.

Pablo escribió de este increíble proceso de transformación en su carta al joven pastor Tito:

> *Porque nosotros también éramos en otro tiempo insensatos, rebeldes, extraviados, esclavos de concupiscencias y deleites diversos, viviendo en malicia y envidia, aborrecibles, y aborreciéndonos unos a otros. Pero cuando se manifestó la bondad de Dios nuestro Salvador, y su amor para con los hombres, nos salvó, no por obras de justicia que nosotros hubiéramos hecho, sino por su misericordia, por el lavamiento de la regeneración y por la renovación en el Espíritu Santo, el cual derramó en nosotros abundantemente por Jesucristo nuestro Salvador, para que justificados por su gracia, viniésemos a ser herederos conforme a la esperanza de la vida eterna. (Tito 3:3-7).*

La regeneración es la obra de renovación del Espíritu Santo que literalmente hace de cada creyente una nueva persona en el momento que confía en Cristo como su Salvador.

En ese momento maravilloso y milagroso, experimentamos más que el cambio de un conjunto de normas para otro. Experimentamos lo que Jesús llamó un nuevo nacimiento (Juan 3:3-6), una renovación del espíritu humano obrado por el Espíritu, una resucitación transformadora que sucede de tal manera que el Espíritu Santo vive dentro de nosotros. (Romanos 8:10).

Por medio del don de la gracia de Dios, estamos espiritualmente vivos, perdonados y completos en El. Pablo escribió a los cristianos colosenses:

> *Porque en él habita corporalmente toda la plenitud de la Deidad, y vosotros estáis completos en él, que es la cabeza de todo principado y potestad. (Colosenses 2:9-10)*

En la iglesia de Colosas, los maestros falsos enseñaban que el "estar completos" era el resultado de una combinación de filosofía, buenas obras, otras religiones y Cristo. El mensaje claro de Pablo fue que estamos completos *en Cristo solamente*. Tratar de estar completos por medio de cualquier otra fuente, incluyendo el éxito, la aprobación de otros, el prestigio o la apariencia, es dejarse cautivar por la filosofía y vanas sutilezas (Colosenses 2:8). No hay nada que pueda añadir algo a la muerte de Cristo para pagar por nuestros pecados ni a la resurrección de Cristo para darnos nueva vida. Estamos completos porque Cristo nos ha perdonado y nos ha dado vida, la capacidad para crecer y cambiar.

Según el teólogo Louis Berkhof, "la regeneración consiste en la implantación del principio de la nueva vida espiritual en el hombre, en un cambio radical de la disposición que controla el alma, que, bajo la influencia del Espíritu Santo, da a luz una vida que se mueve en dirección hacia Dios. En principio este cambio afecta al hombre en su totalidad: el intelecto… la voluntad… y los sentimientos o emociones".

Cuando confiamos en Cristo y experimentamos una vida nueva, el perdón y el amor, nuestras vidas empiezan a cambiar. Con todo, la regeneración no efectúa un cambio instantáneo en toda área de nuestro comportamiento. Seguiremos tambaleándonos y cayéndonos a veces, pero las escrituras claramente nos ordenan decidirnos a actuar de maneras que reflejen nuestras vidas y valores nuevos en Cristo. Como Pablo escribió a los efesios:

> *En cuanto a la pasada manera de vivir, despojaos del viejo hombre, que está viciado conforme a los deseos engañosos, y renovaos en el espíritu de vuestra mente, y vestíos del nuevo hombre, creado según Dios en la justicia y santidad de la verdad. (Efesios 4:22-24)*

Hemos de *vestirnos* o envolvernos en este nuevo ser que de manera progresiva expresa el carácter cristiano en nuestras actitudes y conducta. Somos maravillosamente singulares, creados para reflejar el carácter de Cristo a través de nuestra personalidad y comportamientos individuales. Cada creyente, de una manera diferente y especial, tiene la capacidad para hacer brillar la luz de Dios. No hay dos que reflejarán su luz en exactamente la misma manera.

La verdad de la regeneración puede disipar el espectro del pasado. Nuestros pecados han sido perdonados y ahora tenemos tremendas capacidades para crecer y cambiar porque somos personas nuevas en quienes vive el Espíritu de Dios. Sí, cuando pecamos experimentaremos tanto los efectos destructivos del pecado como la disciplina del Padre, pero nuestro pecado nunca alterará la verdad de quiénes somos en Cristo.

Y cuando pecamos, debemos seguir el ejemplo del Rey David. Cuando Natán lo confrontó respecto a su pecado de adulterio con Betsabé, David confesó su pecado al Señor (2 Samuel 12:1-13). No huyó de su pecado ni de sus consecuencias. Se casó con Betsabé y Dios fue misericordioso. Permitió a Betsabé ser la madre de Salomón, el rey sabio de Israel. Ciertamente Dios hubiera podido traer a Salomón al mundo de otra manera, pero tal vez como un mensaje para nosotros, escogió a Betsabé.

¡Qué mensaje! Confiesa tus pecados, adora a Dios y sigue adelante con tu vida. Puedes experimentar la misericordia de Dios, no importa lo que hayas hecho.

POSIBLES OBSTACULOS PARA RECIBIR ESTA VERDAD

SOLAMENTE CREEMOS LO QUE VEMOS

Nuestro obstáculo más grande para experimentar la regeneración, es que a veces no nos sentimos diferentes, y algunas veces tampoco actuamos de manera diferente. Cuando reconocemos los resultados de la justificación, reconciliación y propiciación, vamos a encontrar más fácil aceptar el hecho de que hemos sido regenerados. Sin embargo, es cuestión de, queramos o no, aceptar lo que Dios nos ha revelado acerca de nuestra nueva naturaleza. Dios no nos está mintiendo ni engañando.

Satanás quiere que creamos la mentira: *soy lo que soy, no puedo cambiar, soy un caso perdido.*

¿Cómo puedes empezar a experimentar libertad del temor a la vergüenza? Empieza con buscar los siguientes versículos y meditar sobre quién eres en Cristo. Haz una paráfrasis de cada uno de los siguientes pasajes que tratan de tu nueva vida en El:

Vosotros sois la sal de la tierra; pero si la sal se desvaneciere, ¿con qué será salada? No sirve más para nada, sino para ser echada fuera y hollada por los hombres. (Mateo 5:13)

____

____

____

____

Vosotros sois la luz del mundo; una ciudad asentada sobre un monte no se puede esconder. (Mateo 5:14)

____

____

____

____

A todos los que estáis en Roma, amados de Dios, llamados a ser santos: Gracia y paz a vosotros, de Dios nuestro Padre y del Señor Jesucristo. (Romanos 1:7)

____

____

____

____

Pues si por la transgresión de uno solo reinó la muerte, mucho más reinarán en vida por uno solo, Jesucristo, los que reciben la abundancia de la gracia y del don de la justicia. Así que, como por la transgresión de uno vino la condenación a todos los hombres, de la misma manera por la justicia de uno vino a todos los hombres la justificación de vida. (Romanos 5:17-18)

____

____

____

____

Ahora, pues, ninguna condenación hay para los que están en Cristo Jesús, los que no andan conforme a la carne, sino conforme al Espíritu. (Romanos 8:1)

____

____

____

____

Y si hijos, también herederos; herederos de Dios y coherederos con Cristo, si es que padecemos juntamente con él, para que juntamente con él seamos glorificados. (Romanos 8:17)

Antes, en todas estas cosas somos más que vencedores por medio de aquel que nos amó. (Romanos 8:37)

De modo que si alguno está en Cristo, nueva criatura es; las cosas viejas pasaron; he aquí todas son hechas nuevas. (2 Corintios 5:17)

Al que no conoció pecado, por nosotros lo hizo pecado, para que nosotros fuésemos hechos justicia de Dios en él. (2 Corintios 5:21)

Con Cristo estoy juntamente crucificado, y ya no vivo yo, mas vive Cristo en mí; y lo que ahora vivo en la carne, lo vivo en la fe del Hijo de Dios, el cual me amó y se entregó a sí mismo por mí. (Gálatas 2:20)

En amor habiéndonos predestinado para ser adoptados hijos suyos por medio de Jesucristo, según el puro afecto de su voluntad. (Efesios 1:5)

En quien tenemos redención por su sangre, el perdón de pecados según las riquezas de su gracia. (Efesios 1:7)

Pero Dios, que es rico en misericordia, por su gran amor con que nos amó, aun estando nosotros muertos en pecados, nos dio vida juntamente con Cristo (por gracia sois salvos), y juntamente con él nos resucitó, y asimismo nos hizo sentar en los lugares celestiales con Cristo Jesús. (Efesios 2:4-6)

Porque somos hechura suya, creados en Cristo Jesús para buenas obras, las cuales Dios preparó de antemano para que anduviésemos en ellas. (Efesios 2:10)

Por lo demás, hermanos míos, fortaleceos en el Señor, y en el poder de su fuerza. (Efesios 6:10)

Vosotros estáis completos en él, que es la cabeza de todo principado y potestad. (Colosenses 2:10)

Vestíos, pues, como escogidos de Dios, santos y amados, de entrañable misericordia, de benignidad, de humildad, de mansedumbre, de paciencia. (Colosenses 3:12)

Porque escrito está: Sed santos, porque yo soy santo. (1 Pedro 1:16)

____

____

____

____

En esto se ha perfeccionado el amor en nosotros, para que tengamos confianza en el día del juicio; pues como él es, así somos nosotros en este mundo. (1 Juan 4:17)

____

____

____

____

Estos pasajes describen la identidad estable y segura que tenemos en Cristo. Es nuestro privilegio ser Sus hijos, experimentar Su amor, perdón y poder, y expresar a otros nuestro aprecio por el Señor.

Permíteme resumir las cuatro importantes doctrinas que hemos estado estudiando como solución a las cuatro creencias falsas:

1. Debido a *la justificación*, tú estás completamente perdonado y eres totalmente agradable a Dios. Ya no tienes que tener miedo al fracaso.
2. Debido a *la reconciliación*, tú eres totalmente aceptado por Dios. Ya no tienes que temer al rechazo.
3. Debido a *la propiciación*, tú eres profundamente amado por Dios. Ya no tienes que tener miedo al castigo, ni tienes que castigar a otros.
4. Debido a *la regeneración*, tú has sido hecho totalmente nuevo, completo en Cristo. Ya no tienes que sufrir el dolor de la vergüenza.

Capitulo 11

LA FUENTE DE NUESTRO CAMBIO

Nuestra redención fue completada en el Calvario. Cuando Jesús alzó sus ojos y clamó: *¡Consumado es!* (Juan 19:30), nos dijo que ya estaba completa la provisión por la reconciliación del hombre con Dios. No necesitaba hacerse nada más, porque la palabra de vida había sido hablada a toda la humanidad. El hombre necesitaba solamente escuchar la palabra, aceptarla, y colocar su esperanza y confianza en Cristo.

Pero si la redención que gozamos está completa, ¿por qué con tanta frecuencia no vemos los cambios que anhelamos en nuestras vidas? ¿Por qué luchamos día tras día con las mismas tentaciones, los mismos fracasos, y las mismas distracciones con que siempre hemos luchado? ¿Por qué no podemos liberarnos y seguir progresando hacia la madurez?

Cristo dio una ilustración de las causas de nuestra falta de productividad en la parábola del sembrador en Marcos 4:3-20. En la agricultura la productividad depende de la fertilidad de la tierra, el clima, y la presencia o la ausencia de malas hierbas. Las razones que Cristo dio por la carencia de fruto en la vida del creyente fueron las siguientes Satanás quita la palabra de Dios, sufrimos la persecución y somos tentados por las preocupaciones del mundo. Para la mayoría de nosotros, las preocupaciones del mundo son la causa principal de nuestra falta de crecimiento. Jesús la describió de esta manera:

> *Estos son los que fueron sembrados entre espinos: los que oyen la palabra, pero los afanes de este siglo, y el engaño de las riquezas, y las codicias de otras cosas, entran y ahogan la palabra, y se hace infructuosa.* (Marcos 4:18-19)

En el contexto de la sinceridad, la afirmación y la paciencia, podemos enfocar nuestra atención en el perdón que hemos recibido, y rechazar el engaño y los deseos mundanos que ahogan la palabra de vida. Necesitamos basar nuestras vidas en la palabra de Dios y permitir que Su carácter se reproduzca en nosotros por el poder de Su Espíritu:

> *Y éstos son los que fueron sembrados en buena tierra: los que oyen la palabra y la reciben, y dan fruto a treinta, a sesenta, y a ciento por uno.* (Marcos 4:20)

En el momento en que confiamos en Cristo recibimos *todas las cosas que pertenecen a la vida y a la piedad* (2 Pedro 1:2-4) o sea, todo lo que necesitamos para llevar una vida conforme a la voluntad de Dios. De inmediato, llegamos a ser hijos de Dios, con todas las provisiones que amorosamente nos ha dado. Al permitir que Cristo gobierne los asuntos de nuestras vidas, El transforma nuestros valores y conducta a fin de que podamos glorificarle más y más. Por supuesto, todavía estamos encadenados a un cuerpo mortal, pero somos renacidos en la justicia y la santidad de la verdad. Tenemos dentro de nosotros el Cristo que tiene autoridad sobre Satanás. Cristo ha triunfado sobre él por el poder de Su sangre para pagar por el pecado, y por el poder de su resurrección para dar nueva vida (Colosenses 2:15).

Ya redimidos, nuestro legitimo propósito de reinar en la vida será negado solamente si seguimos permitiendo que Satanás nos engañe. Si dejamos de reconocer nuestra verdadera posición como hijos y dejamos de ejercer nuestro nuevo poder y nuestra nueva autoridad, seguiremos atrapados en el sistema del mundo. Las mentiras y los ardides de Satanás están diseñados para impedir que reconozcamos y experimentemos estas maravillosas verdades.

A fin de vencer las mentiras de Satanás y empezar a gozar libertad de las creencias falsas, necesitamos tener una compresión clara de lo que Cristo ha hecho por nosotros mediante Su muerte en la cruz. Entre más entendamos el significado y los resultados del sacrificio de Cristo, más experimentaremos la libertad, la motivación y el poder que Dios tiene determinados para nosotros. La palabra de Dios es la fuente de la verdad: la verdad acerca de Cristo, la cruz y la redención.

El Apóstol Pedro escribió que la cruz no es solamente el principio de la vida cristiana, sino nuestra motivación constante para crecer espiritualmente y vivir por Cristo:

> *vosotros también, poniendo toda diligencia por esto mismo, añadid a vuestra fe virtud; a la virtud, conocimiento; al conocimiento, dominio propio; al dominio propio, paciencia; a la paciencia, piedad; a la piedad, afecto fraternal; y al afecto fraternal, amor. Porque si estas cosas están en vosotros, y abundan, no os dejarán estar ociosos ni sin fruto en cuanto al conocimiento de nuestro Señor Jesucristo. Pero el que no tiene estas cosas tiene la vista muy corta; es ciego, habiendo olvidado la purificación de sus antiguos pecados. (2 Pedro 1:5-9 LBLA)*

Este pasaje enseña claramente que la ausencia de crecimiento espiritual puede atribuirse a una falta de entendimiento o a no recordar las implicaciones del perdón de Cristo. La cruz ocupa un sitio central en nuestra motivación y nuestro desarrollo.

En los capítulos anteriores te he dado un ejercicio para empezar, en relación con cada una de las cuatro creencias falsas, pero hacer los ejercicios constituye solamente un comienzo. En los últimos capítulos examinaremos los fundamentos de la renovación del corazón y de la mente: sintiendo el poder del Espíritu Santo y remplazando los patrones de pensamiento que nos dicen que nuestro valor se basa en *el comportamiento más las opiniones de otros*, con los que se enfocan en las verdades del amor incondicional que Dios nos tiene.

Los principios presentados en este libro pueden cambiar la vida, pero se aplican más fácilmente en un ambiente en que se nos anima a ser sinceros respecto a nuestros dolores, iras, gozos y esperanzas. La mayoría de nosotros no somos muy perceptivos en relación con nosotros mismos (aunque podemos serlo al tratarse de otras personas), y necesitamos tanto la objetividad como la aprobación de otros a medida que seguimos con el proceso de aplicación. También es importante reconocer que no es suficiente repasar los principios una sola vez. Muchas de las personas a quienes he aconsejado y muchas que han leído este material, nos dicen que han experimentado crecimiento dramático solo en la medida que han aplicado los principios a un nivel cada vez más profundo de sus vidas.

Repasemos por un momento. El cuadro que sigue presenta el contraste entre los sistemas rivales de creencias. Úsalo como ayuda cuando quieras determinar si un pensamiento en particular se basa en una mentira o en la verdad de Dios. Si el pensamiento se basa en una mentira, aprende a confrontarlo y a vencerlo con la verdad de la Palabra de Dios.

CREENCIAS FALSAS	**CONSECUENCIAS DE LAS CREENCIAS FALSAS**	**LA SOLUCION ESPECIFICA DE DIOS**	**RESULTADO DE LA SOLUCION DE DIOS**
Para poder tener una buena opinión de mi mismo, tengo que cumplir con ciertas normas.	Miedo al fracaso, perfeccionismo, compulsión a obtener el éxito, manipulación de otros para alcanzar el éxito, huir de los riesgos saludables	*Debido a* la justificación *estoy completamente perdonado y soy totalmente del agrado de Dios. Ya no tengo que temer el fracaso.*	Libertad progresiva del temor al fracaso, deseo de seguir lo recto: Cristo y su reino, amor por Cristo
Para poder tener una buena opinión de mi mismo, tengo que recibir la aprobación de ciertas personas.	Miedo al rechazo, tratar de agradar a otros a cualquier precio, sensibilidad excesiva a la crítica, huir de otros para evitar la desaprobación.	*Debido a* la reconciliación *soy totalmente aceptado por Dios. Ya no tengo que temer el rechazo.*	Libertad progresiva del temor al rechazo; disposición de ser sincero y vulnerable; capacidad de sentirse tranquilo en la compañía de otros; disposición de recibir crítica; deseo de agradar a Dios sin importar lo que piensen otros.
Los que fracasan (incluido yo mismo), no son dignos de ser amados y merecen ser castigados.	El miedo al castigo; tendencia de castigar a uno mismo y a otros; culpar a otros por los fracasos personales; alejarse de Dios y de otros creyentes; compelido a evitar el castigo.	*Debido a* la propiciación *soy profundamente amado por Dios. Ya no tengo que temer el castigo ni castigar a otros.*	Libertad progresiva del temor al castigo; paciencia y bondad hacia otros; ser pronto para perdonar; profundo amor hacia Cristo.
Soy lo que soy. No puedo cambiar. Soy un caso perdido. No tengo esperanza.	Sentimientos de vergüenza, desesperanza, inferioridad; pasividad, perdida de creatividad, aislamiento, alejarse de los demás.	*Debido a* la regeneración *he sido hecho totalmente nuevo, completo en Cristo. Ya no necesito experimentar el dolor de la vergüenza.*	Confianza en sí mismo centrada en Cristo; gozo, coraje, paz; deseo de conocer a Cristo.

EL ESPIRITU SANTO: LA FUENTE DE NUESTRO CAMBIO

Las verdades que hemos examinado en este libro pueden tener tremendas implicaciones en cada una de nuestras metas y relaciones, pero ahora necesitamos entender cómo aplicarlas en nuestra vida. ¿Cómo podemos empezar a vivir un cambio positivo? Jesús contestó esta pregunta en Sus últimos momentos de instrucción íntima con Sus discípulos (Juan capítulos 13 a 16). Les dijo que pronto lo matarían, pero que no los dejaría solos: *y yo rogaré al Padre y os dará otro Consolador, para que esté con vosotros para siempre* (Juan 14:16). Ese Consolador (Ayudador) en el Espíritu Santo, quien vino unos cincuenta días después, en el día de Pentecostés, para dirigir y capacitar a los creyentes. Ese mismo Espíritu Santo mora en cada creyente en la actualidad, y sirve como nuestro instructor, consejero y fuente de poder espiritual a medida que vivimos para la gloria y honra de Cristo.

¿Quién es el Espíritu Santo y por qué vino? El Espíritu Santo, la tercera Persona de la Trinidad, es Dios y posee todos los atributos de la Deidad. Su propósito principal es glorificar a Cristo y dirigir nuestra atención a Él. Cristo dijo: *El me glorificará, porque recibirá de lo mío y os lo hará saber* (Juan 16:14). El Espíritu Santo es nuestro maestro y nos guía en la verdad de las Escrituras (Juan 16:13). Es por Su poder que el amor de Cristo fluye a través de nosotros y produce fruto espiritual dentro de nosotros (Juan 7:37-39; 15:1-8). Este fruto espiritual se describe de muchas maneras en el Nuevo Testamento, incluyendo: amistad íntima con Cristo (Juan 15:14), amor de los unos por los otros (Juan 15:12), gozo y paz en medio de las dificultades (Juan 14:27; 15:11), perseverancia (Efesios 5:18-21), evangelismo y discipulado (Mateo 28:18-20).

Es obvio que este fruto no siempre se manifiesta en las vidas de los cristianos, pero ¿por qué no? Como todos sabemos, la vida cristiana no es fácil. No es solamente un programa de automejoramiento. Es cierto que a veces podemos lograr hacer algunos cambios en nuestros hábitos por medio de nuestra propia disciplina y determinación, pero el cristianismo no es meramente un esfuerzo por mejorarse a sí mismo. La vida cristiana es una vida sobrenatural en que dependemos de Cristo como nuestra fuente de dirección, aliento y fortaleza. En una de las metáforas más conocidas de la Biblia, en Juan 15, Cristo describió la vida cristiana usando la ilustración de un pámpano y una vid. Dijo:

> *Yo soy la vid verdadera, y mi Padre es el labrador... Permaneced en* (vivid, creced y tomad sustento de) *mí, y yo en vosotros. Como el pámpano no puede llevar fruto por sí mismo, si no permanece en la vid, así tampoco vosotros, si no permanecéis en mí. Yo soy la vid, vosotros los pámpanos; el que permanece en mí, y yo en él, éste lleva mucho fruto; porque separados de mí nada podéis hacer. (Juan 15:1-5).*

¿Nada? Sí, en términos de aquello que honra a Cristo, que es espiritualmente nutritivo para nosotros y que es un genuino servicio cristiano, cualquier cosa que se haga aparte del amor y el poder de Cristo *nada vale*. Aunque podemos esforzarnos en sobremanera, a gran costo personal, solamente aquello que se hace para la gloria de Cristo y en el poder de su Espíritu es de valor eterno.

El mismo poder de Dios que se demostró cuando Cristo fue levantado de los muertos (Efesios 1:19-21), está disponible para todo creyente que permanece en El, desea que El sea honrado y confía en que su Espíritu producirá fruto en su vida.

Así como la cruz de Cristo es la base de nuestra relación con Dios, también es el fundamento de nuestro crecimiento espiritual. La muerte de Cristo es la demostración suprema del amor, el poder y la sabiduría de Dios. Cuanto más entendemos y aplicamos las verdades de la justificación, la propiciación, la reconciliación y la regeneración, más reflejará nuestra vida el carácter de Él. El crecimiento espiritual no es algo mágico. Sucede a medida que aplicamos el amor y el perdón de Cristo en nuestras circunstancias diarias, reflexionando sobre la aceptación incondicional de Cristo y Su imponente poder, eligiendo responder a las situaciones y a las personas a la luz de Su propósito soberano y Su bondad hacia nosotros.

Como hicimos notar en este capítulo, el Apóstol Pedro afirmó muy claramente que nuestro perdón, comprado por la muerte de Cristo, es el fundamento del crecimiento espiritual:

> *Vosotros también, poniendo toda diligencia por esto mismo, añadid a vuestra fe virtud; a la virtud, conocimiento; al conocimiento, dominio propio; al dominio propio, paciencia; a la paciencia, piedad; a la piedad, afecto fraternal; y al afecto fraternal, amor. Porque si estas cosas están en vosotros, y abundan, no os dejarán estar ociosos ni sin fruto en cuanto al conocimiento de nuestro Señor Jesucristo. Pero el que no tiene estas cosas tiene la vista muy corta; es ciego, habiendo olvidado la purificación de sus antiguos pecados. (2 Pedro 1:5-9)*

Una vez más, la implicación clara de este pasaje es que la ausencia del crecimiento espiritual significa que uno carece de entendimiento acerca del perdón. Buscar una experiencia emocional, asistir a seminario tras seminario, o buscar una "vida más profunda", puede que no sea la solución. Las experiencias emocionales, los seminarios y los estudios sólo son válidos si están basados en el amor, el perdón y el poder de la cruz y la resurrección de Cristo.

No hay nada más motivador, nada más consolador, nada que nos constriña más a honrar a Cristo, y nada que nos dé tanta compasión por otros como el pago expiatorio de Cristo que nos ha rescatado de la condenación eterna.

Hay cuando menos cinco obstáculos que resultan de un malentendimiento del amor y el perdón de Cristo y que frecuentemente nos impiden experimentar Su presencia y poder:

1. Tenemos motivos equivocados
2. Nuestro enfoque de la vida cristiana es demasiado mecánico o reglamentado
3. Somos demasiado "místicos"
4. Carecemos del conocimiento respecto a la disponibilidad del amor y el poder de Cristo

5. Albergamos algún pecado que obstaculiza nuestro compañerismo con Cristo

Consideremos estos obstáculos más detenidamente:

Motivos equivocados

A menudo es difícil determinar dónde es que nos equivocamos en nuestras motivaciones. Por lo general actuamos impulsados por diversas motivaciones y probablemente no hacemos nada con motivos totalmente puros. Sin embargo, tenemos que examinar algunas de las razones por las que quizás seguimos a Cristo antes de poder considerar si nuestras motivaciones obstaculizan nuestro andar con El.

Muchos tenemos la tendencia de considerar la vida cristiana como un programa de automejoramiento. Tal vez deseamos crecer espiritualmente o tenemos uno o más problemas algo serios de los deseamos desesperadamente ser librados. Aunque es cierto que no hay nada de malo en desear el crecimiento espiritual o ser librado de un problema que nos acosa, ¿qué nos motiva a querer alcanzar tales metas? Quizás buscamos el éxito, o la aprobación de otros. Tal vez tememos que Dios realmente no puede aceptarnos hasta que hayamos madurado espiritualmente, o hasta que "nuestro problema" sea quitado. Puede ser que solamente deseamos sentirnos mejor sin tener que luchar a través del proceso de hacer cambios mayores en nuestras actitudes y en nuestro comportamiento.

Motivaciones como éstas pueden estar mezcladas con un deseo genuino de honrar al Señor, pero también es posible que en lo más íntimo de nuestro ser haya un deseo primordial de glorificar el yo. Cuando el automejoramiento es el centro de nuestra atención, en lugar de serlo Cristo, estamos mal encaminados.

Es importante comprender que la productividad y el crecimiento son los resultados de centrar nuestra atención en Cristo y desear honrarlo. Cuando el crecimiento y el cambio constituyen nuestras metas principales, tendemos a estar enfocados en nosotros mismos en lugar de estar enfocados en Cristo. *¿Estoy creciendo? ¿Estoy mejorando en algo? ¿Soy más semejante a Cristo hoy? ¿Qué estoy aprendiendo?*

Esta preocupación excesiva con nuestro mejoramiento se asemeja en muchas maneras al movimiento social que pregona la superación personal. Es cierto que el desarrollo personal no es malo, pero es engañoso, y puede ser muy frustrante convertirlo en nuestra meta primordial. Si ha de ser una de nuestras metas, debe ser de importancia secundaria. A medida que comprendemos el amor incondicional, la gracia y el poder de Dios, honrar a Cristo será cada vez más nuestra pasión cautivante. Dios quiere que tengamos un sano conocimiento de nosotros mismos y que periódicamente analicemos nuestras vidas, pero no quiere que estemos preocupados con el yo. El único digno de nuestra preocupación es Cristo, nuestro Señor soberano, quien le dijo al Apóstol Pablo: *Bástate mi gracia, porque mi poder se perfecciona en la debilidad* (2 Corintios 12:9).

Si, mediante la afirmación de relaciones cristianas, el poder de la Palabra de Dios, Su Espíritu, y el paso del tiempo, podemos empezar a darnos cuenta de que nuestras necesidades de seguridad y aprobación se han satisfecho plenamente en Cristo, gradualmente podremos quitar nuestra atención y nuestro afecto de nosotros mismos y dirigirlos hacia El. Sólo entonces podremos empezar a adoptar el intenso deseo que Pablo tenía de honrar a Cristo: *Por lo tanto... nuestro anhelo es serle agradables* (2 Corintios 5:9)

Demasiado Mecánico

Algunos somos demasiado mecánicos en nuestro enfoque de la vida cristiana. Aun cuando nos programamos y disciplinamos rigurosamente en un esfuerzo por conformarnos a lo que consideramos un estilo de vida bíblico, es posible que nuestra vida manifieste poco de la frescura, el gozo y la espontaneidad de Cristo.

Cierto hombre había organizado su vida en segmentos de una hora, cada uno diseñado para lograr algún "propósito bíblico" específico. Es verdad que estaba organizado y lograba algunas cosas buenas, pero se sentía miserable. Este hombre confiaba en sí mismo, en lugar del Espíritu Santo, para producir una vida que agradara a Dios.

Con el tiempo el hombre se sumó a un grupo de estudio bíblico en una iglesia sobre la gracia de Dios. Uno de los líderes del grupo empezó a reunirse con él con regularidad. Tenía muchas preguntas y paulatinamente comenzó a reconocer que el mandamiento principal de Cristo es que le amemos a Él y a otras personas (Mateo 22:36-40), y que el gozo, la paz y la bondad son más importantes para Dios que guardar reglamentos estrictos (por lo cual Jesús reprendió a los fariseos). Durante los próximos meses, a medida que continuó en esa relación de afirmación, adquirió una nueva perspectiva que más tarde resultó en un nuevo estilo de vida de amor y gozo. Sigue siendo una persona organizada, pero ser organizado ya no domina su vida.

Aunque tal vez no vayamos a tal extremo, muchos de nosotros tenemos ciertas actividades cristianas (asistencia a los cultos de la iglesia, el diezmo, el estudio bíblico, etc.) que pensamos que *tenemos que* cumplir para poder ser "buenos cristianos". Es obvio que estas actividades en sí no son malas, pero una perspectiva orientada hacia el comportamiento es mala. Cristo quiere que recibamos nuestro gozo y nuestra aceptación de Él, en lugar de solamente cumplir con reglamentos y programas. El es el Señor, solo El es nuestra fuente de seguridad, gozo y significado.

Demasiado místico

Un tercer obstáculo para permanecer en Cristo es ser demasiado *místico*, o depender de que los sentimientos sobrenaturales determinen nuestra relación con Dios. Esta dependencia en los sentimientos conduce a dos problemas. El primero ocurre cuando esperamos hasta que los sentimientos nos motiven y el otro cuando consideramos a casi toda emoción como una "señal" de Dios. Vamos a examinar estos problemas:

Algunos de nosotros no nos levantamos en la mañana hasta que el Señor "nos diga que lo hagamos". Quizás no queremos testificar a otros de Cristo hasta sentir que Dios nos impulsa. Lo que tal vez estamos olvidando es que el cristianismo es principalmente la fe en acción. Nuestros sentimientos no constituyen la fuente más confiable de motivación. Es cierto que hay veces cuando el Espíritu Santo nos impulsa por medio de impresiones, pero ya nos ha dado en las Escrituras la mayor parte de lo que quiere que hagamos. En lugar de esperar un "toque santo" que nos impulse a la acción, necesitamos creer la verdad de la Palabra de Dios y actuar para Su gloria.

¿Debemos esperar hasta que *sintamos* deseos de amar a otros cristianos, orar, estudiar las Escrituras, compartir nuestra fe, o servir en Su causa? No. Necesitamos seguir los ejemplos que se relatan en Hebreos 11, de los hombres y las mujeres que, frecuentemente a pesar de sus sentimientos, actuaron basándose en su fe en Dios. Es verdad que con frecuencia estas personas reflexionaban y oraban pidiendo la dirección de Dios, pero siempre ponía Su verdad en acción.

El segundo problema relacionado con depender de nuestros sentimientos ocurre cuando creemos que éstos son el medio principal que Dios utiliza para comunicarse con nosotros y que, por lo tanto, son señales de Dios que indican su dirección. Esta conclusión puede constreñirnos a hacer afirmaciones autoritativas acerca de la voluntad de Dios (tanto para nosotros mismos como para otros) que se basan en cómo nos sentimos. Igual que en el primer extremo, las Escrituras quedan en un segundo plano mientras justificamos hechos insensatos y aun inmorales por esta falsa "dirección del Señor".

Aunque las Escrituras nos estimulan a ser sinceros y honestos respecto a nuestros sentimientos, nunca nos dicen que vivamos regidos por ellos. Las verdades de la Biblia constituyen la única guía confiable para nuestras vidas. Nuestros sentimientos pueden reforzar estas verdades, pero también pueden reflejar las mentiras de Satanás que nos dicen, por ejemplo, que Dios no nos ama, que lo divertido de cierto pecado es más satisfactorio que obedecer a Dios, o que Dios nunca contestará nuestras oraciones. Nuestra autoridad es la verdad de la Palabra de Dios, no nuestros sentimientos.

¿Significa esto que debemos reprimir nuestros sentimientos o negar que los tenemos? No, pero necesitamos un ambiente seguro (un amigo o un grupo pequeño) en el que podamos ser sinceros respecto a cómo nos sentimos. También debemos expresarle nuestros sentimientos al Señor, completa y libremente, y acudir a las Escrituras para decidir lo que El quiere que hagamos. Entonces, con el estimulo de creyentes maduros, el poder de Su Espíritu, y en obediencia a Su Palabra, debemos hacer lo que honra a Cristo.

Muchas veces, cuando obedecemos a Cristo a pesar de nuestros sentimientos, tarde o tempranos sentimos gozo y paz.

Resumiendo, Dios nos dio nuestras emociones; no es malo tenerlas, pero de por sí solas no son suficientes para determinar la dirección de Dios para nuestras vidas. Para entender la dirección de Dios se requiere que combinemos una comprensión apropiada de las Escrituras con una sensibilidad hacia Su Espíritu. La Biblia es nuestra autoridad final y necesitamos hacernos buenos estudiantes de ella para entender tanto el carácter como la voluntad de Dios. Como Pablo dijo a Timoteo:

Toda la Escritura es inspirada por Dios, y útil para enseñar, para redargüir, para corregir, para instruir en justicia, a fin de que el hombre de Dios sea perfecto, enteramente preparado para toda buena obra. (2 Timoteo 3:16-17)

También necesitamos desarrollar una sensibilidad hacia la dirección del Espíritu Santo que vaya más allá del sentimentalismo. Se requiere tiempo para desarrollar tal sensibilidad y la constituyen una conciencia del pecado, de lo que El quiere que digamos y hagamos en ciertas situaciones, de Su impulso para que compartamos el evangelio, etc.

El discernimiento de si una impresión es de Dios o no, procede de tres fuentes principales: la clara enseñanza de las Escrituras, experiencias previas de aprendizaje, y la aprobación de creyentes maduros. Si una impresión viene de Dios, no violará los principios bíblicos.

Falta de conocimiento

Muchos de nosotros encontramos obstáculos en nuestro andar con Dios porque no nos damos cuenta de la naturaleza y la profundidad del amor y el poder de que disponemos en Cristo. Todavía no hemos comprendido plenamente las magnificas verdades de las Escrituras: de que somos *profundamente amados, completamente perdonados, plenamente agradables, totalmente aceptados y completos en Cristo*, con todo el poder de Su resurrección a nuestro alcance. Tal vez somos como aquel ganadero del oeste de Texas que vivía en pobreza aunque había vastos recursos petroleros debajo de su propiedad. Era fabulosamente rico y ni siquiera lo sabía. Desde su descubrimiento hace años, este campo petrolífero ha probado ser uno de los más ricos y más productivos del mundo. De manera semejante, tenemos recursos increíbles que están a nuestra disposición por medio del Espíritu Santo, quien nos capacita para experimentar la realidad del amor y el poder de Cristo de muchas maneras, incluyendo:

- En el transcurso del tiempo, nos muestra, por medio de otros creyentes, características de Cristo (Juan 13:34-35; 1 Juan 4:7,12).
- Nos revela el pecado en nuestras vidas para que podamos confesarlo y evitar que nuestro compañerismo con Dios sea estorbado (1 Juan 1:9)
- Nos ayuda elegir honrar a Cristo en nuestras circunstancias y relaciones (2 Corintios 5:9)
- Nos capacita para perseverar a medida que seguimos a Cristo (Romanos 5:1-5)
- Produce fruto espiritual en nuestra vida (Juan 15:1-8; Gálatas 5:22-23)

Albergar pecado

Albergar el pecado constituye un quinto obstáculo que dificulta nuestro compañerismo con Dios. De hecho, el pecado puede ser placentero por un momento, pero su naturaleza destructiva se revelará inevitablemente de muchas maneras: relaciones rotas, una opinión baja de uno mismo y un mal testimonio a favor de Cristo. Ya sea un pecado patente de inmoralidad o el pecado más sutil de orgullo, tenemos que aprender a tratar a todo pecado de manera decisiva, para beneficio nuestro y para la gloria de Cristo.

La muerte de Cristo pagó por todos nuestros pecados; están completamente perdonados. Comprender Su amor y Su perdón nos estimula a admitir que hemos pecado y a reclamar perdón por cualquier pecado tan pronto como nos demos cuenta de él. De nuevo, esto evita que nuestro compañerismo con Cristo sea estorbado, y nos capacita para seguir sintiendo Su amor y Su poder.

Pablo escribió a los cristianos de Galacia:

> *El fruto del Espíritu es amor, gozo, paz, paciencia, benignidad, bondad, fe, mansedumbre y dominio propio; contra tales cosas no hay ley.* (Gálatas 5:22-23)

A medida que respondemos al amor de Cristo y confiamos en Su Espíritu para llenarnos, estas características serán cada vez más evidentes en nuestras vidas.

La plenitud del Espíritu Santo incluye dos aspectos principales: nuestro propósito (traer honra a Cristo en lugar de a nosotros mismos) y nuestros recursos (confiar en Su amor y Su poder para lograr resultados, en lugar de confiar en nuestra propia sabiduría y nuestras propias capacidades).

Aunque seguiremos madurando en nuestra relación con el Señor a través de los años, podemos empezar a disfrutar Su amor, Su fuerza y Su propósito desde el momento en que lo convertimos en el centro de nuestras vidas.

Samuel, que cursaba el penúltimo año de sus estudios universitarios, era cristiano desde hacía varios años. Había aceptado a Cristo como su Salvador personal cuando un compañero de estudios le habló del Señor el primer año en la universidad. Aunque estaba creciendo en su relación con Cristo, para mediados de su segundo año de estudios, los deportes y las fiestas con sus amigos bullangueros ocupaban el primer lugar en su vida. Todavía asistía a los cultos de la iglesia con frecuencia, pero estaba confundido y a menudo se sentía culpable por sus relaciones con sus amigos y por lo que ellos hacían. Trató de hablar con ellos al respecto, pero solamente se rieron. A pesar que a veces se sentía incomodo, Samuel pensaba que necesitaba la amistad de esta gente, así que siguió pasando tiempo con ellos.

Después, en el otoño de su tercer año, asistió a varias reuniones cristianas para universitarios. Empezó a escuchar del amor y el poder de Cristo y de cómo el Espíritu Santo puede capacitarnos para vivir por él. Otro joven, Felipe, se interesó en Samuel y empezó a discipularlo. Por medio de la amistad y el apoyo que le proporcionaba, Samuel comenzó a desarrollar una perspectiva eterna, reconociendo paulatinamente que la mundanalidad y el pecado son destructivos, pero seguir a Cristo tiene significado eterno. Una noche Samuel pasó tiempo a solas, orando y pensando en lo que había aprendido. Percibió que su vida era confusa, frustrante y que deshonraba al Señor. También se dio cuenta de que Cristo era digno de su amor y obediencia, y decidió vivir por El. A medida que empezaba a confesar los pecados específicos que el Espíritu Santo le hacía recordar, y a medida que le pedía poder para vivir de una manera que agradara a Cristo, Samuel se sentía embargado de alivio y de gozo. Estaba haciendo lo que debía.

Felipe se sentía emocionado por los pasos que Samuel estaba tomando, pero a éste le preocupaba principalmente sus otros amigos. Reconociendo que podía ser rechazado, hizo planes para decirles de su decisión de seguir a Cristo. Al hacerlo, algunos se rieron. Otros se sorprendieron y unos cuantos hasta se enojaron. Durante el siguiente año, Samuel todavía pasaba tiempo en la compañía de estos amigos, pero ahora era en los juegos de pelota en lugar de en fiestas desordenadas. Compartió a Cristo con muchos de ellos y tuvo el gozo de ver que dos lo aceptaron como Salvador. Samuel tuvo muchas luchas en su crecimiento espiritual, pero su vida empezó a reflejar una nueva firmeza, un nuevo propósito y una nueva actitud de gratitud hacia el Señor.

Como Samuel, nuestra disposición de estar llenos del Espíritu Santo es una respuesta directa a las magníficas verdades que se centran en la cruz y la resurrección de Cristo, y nuestra participación en las relaciones en que sentimos Su amor por nosotros. Somos *profundamente amados, completamente perdonados, plenamente agradables, totalmente aceptados y completos en Cristo.*

¿Dependes del Espíritu de Dios para que te enseñe; te cambie y te use en las vidas de otros? Si es así, ¡sigue confiando en El! Si no, repasa los cinco obstáculos que impiden seguir a Cristo y ve si alguno de ellos está obstruyendo tu relación con El. ¿Hay pecados específicos que necesitas confesar? La *confesión* significa estar de acuerdo con Dios en que tú has pecado y aceptar que Cristo te ha perdonado completamente. También significa "arrepentirse", o sea, volverte de tus pecados a una vida de amor y obediencia a Dios.

A medida que sigues adelante en el proceso de experimentar más de la gracia de Dios, toma tiempo para meditar en Su amor y poder. Confía en El para que te guie por medio de Su Palabra, te llene de Su Espíritu y te capacite para vivir por El y ser usado por El en las vidas de otros. Permanecer en Cristo no quiere decir la liberación de todos tus problemas, pero te proporcionará una relación poderosa con Aquel que es la fuente de sabiduría para encarar las decisiones difíciles, del amor para animarte, y de la fuerza para ayudarte a perseverar.

Capitulo 12

LA CULPA FRENTE A LA CONVICCION

No existe otra carga que produzca tanto dolor, miedo y separación como el sentido de culpa. Muchos de nosotros la conocemos como una carga constante, y algunos respondemos como un perrito azotado, vencido y avergonzado. Algunos lo evitamos mediante los efectos paralizadores de la negación. Nuestra asociación con este sentido de culpa puede originarse en muchos factores: un mal ejemplo por parte de nuestros padres en relación con el amor y el perdón de Cristo, el divorcio, el descuido, algún pecado en particular cometido en el pasado, o el énfasis que algunos creyentes dan a los "debes de" y "tienes que" del cristianismo. No obstante estas influencias, la culpa no tiene que ser un estilo de vida para nosotros.

En Romanos 8:1 Pablo nos dice: *Ahora pues, ninguna condenación hay para los que están en Cristo Jesús*. Cuando compartí esta importante verdad con un atormentado hermano cristiano, se quedó con la boca abierta y los ojos se le llenaron de lágrimas. Me dio una mirada de incredulidad y exclamó: "¿Quiere decir que toda esta culpa que he estado cargando por tanto tiempo es innecesaria? ¿Puedo estar libre de estos sentimientos atormentadores de condenación? ¿Por qué nadie me ha dicho esto antes?"

Eso es exactamente lo que por siglos ha estado tratando de decirnos el Apóstol Pablo, pero somos pocos los que hemos escuchado. Sentimos que merecemos la condenación y no reconocemos que Cristo nos ha librado de la culpa y la condenación que merecen nuestros pecados.

Y a propósito, ¿exactamente qué es la culpa? Sigmund Freud dijo que la culpa es un resultado de restricción social. Según Freud, la culpa nace en la mente de un niño cuando sus padres lo reprenden, y se basa en su miedo de perder el amor de alguien importante para él. Por lo tanto, según Freud, sentimos culpa cuando tememos la perdida de la estimación social; cuando nuestros impulsos instintivos nos hacen actuar de maneras diferentes de la norma social aceptada.

Alfred Adler escribió que la culpa surge cuando uno se niega a aceptar su inferioridad. Por lo tanto, dedujo que los sentimientos de culpa son las punzadas de autoincriminación que sentimos cuando pensamos o nos comportamos de manera inapropiada.

Tanto Freud como Adler, trataron de explicar el dolor de la culpa desde una perspectiva que niega el justo juicio de Dios y nuestra responsabilidad personal por el pecado. Para ellos, la culpa podría explicarse solamente sobre una base humana, existencial.

Los autores cristianos Bruce Narramore y Bill Counts representan una perspectiva más bíblica cuando diferencian entre la culpa auténtica y la culpa falsa. Explican que la culpa auténtica es un hecho objetivo, pero la culpa falsa es un sentimiento subjetivo de dolor y rechazo. Ponen énfasis en que mientras la Biblia habla del hecho de la culpa legal o teológica, nunca le dice al cristiano que debe sentir culpa psicológica. Estas distinciones ayudan, pero tal vez no aclaran el asunto para aquellos que igualan cualquier culpa con la condenación. Por esta razón, usaremos las palabras *culpa* y *convicción* para distinguir entre la condenación que merece nuestro pecado, y la amorosa motivación que nos da Dios para vivir de una manera que le trae honra a Él. Aunque muchas personas confunden estos dos conceptos, en realidad son totalmente distintos. Las comparaciones que hacemos más adelante en este capítulo, ilustran claramente sus diferencias.

Quizás ningún otro sentimiento es más destructivo que la culpa. Causa una pérdida de respeto por uno mismo. Hace que el espíritu humano se marchite, y corroe nuestro sentido de importancia personal. La culpa es una motivación poderosa, pero se aprovecha de nuestro miedo al fracaso y al rechazo; por lo tanto, a fin de cuentas nunca puede edificar, estimular o inspirarnos en nuestro deseo de vivir por Cristo.

Hay quienes interpretamos la culpa como un sentimiento de responsabilidad legal y moral delante de Dios. Tal vez tratamos de diferenciarla de un sentido de inferioridad, razonando que la culpa es el resultado de un acto pecaminoso o una maldad moral, mientras el sentido de inferioridad se deriva de un sentimiento de insuficiencia social o personal. En consecuencia, por ejemplo, una mentira nos hace sentir que no somos aceptables para Dios y nos trae culpa, mientras los modales inadecuados en la mesa nos hace sentir que no somos aceptables para las personas que nos rodean y nos hacen sentir inferiores.

Esta perspectiva revela cierta profundidad de pensamiento, pero enfoca sobre una respuesta emocional a la culpa, más bien que su causa básica. En el fondo, la culpa es la condición de estar separados de Dios y de merecer condenación por el pecado. Tanto Cristianos como no cristianos pueden tener un concepto bajo de sí mismo; o sea cualquier persona que cree las mentiras de Satanás y se siente fracasada, sin esperanza y rechazada.

Como hemos dicho, en el Nuevo Testamento *la culpa* tiene un significado limitado. Se refiere solamente a la condición de la persona antes de su salvación. Solo el no cristiano es realmente culpable delante de Dios. Ha transgredido la ley de Dios y tiene que hacerle frente a las consecuencias. La culpa lo sacude y le dice: "No alcanzaste la meta y tienes que pagar el precio. Eres personalmente responsable". Cristo es el único que quita nuestra condenación. El tomó sobre sí mismo toda nuestra culpa cuando aceptó el castigo por nuestros pecados y sufrió el pleno castigo por todo pecado. Debido que El murió en nuestro lugar, nunca tendremos que hacer frente a las consecuencias eternas del pecado. Habiendo puesto nuestra confianza en El como nuestro Salvador, hemos sido exonerados y absueltos de la culpa, libres de nuestra sentencia de muerte espiritual.

Se nos ha dicho a muchos de nosotros que todavía somos culpables, aún después de haber confiado en Cristo como pago por nuestros pecados. Y tristemente, hemos escuchado esto en nuestras iglesias, donde se debería estar proclamando fuerte y claramente el perdón y la libertad que se encuentran en la cruz. Tal vez algunos piensan que si no utilizan la motivación de la culpa, nosotros no haremos nada. Quizás la culpa nos motive por un tiempo corto, hasta que nos adaptemos a ser motivados debidamente. Pero un corto periodo de espera bien vale los resultados a largo plazo de una motivación intrínseca, basada en la gracia.

Aprende a identificar la enseñanza incorrecta, la motivación de la culpa, y los resultados de la culpa en tus propios pensamientos. Entonces, niégate a seguir creyendo las mentiras, y en lugar de ellas, enfoca tu mente en el amor incondicional y el perdón de Cristo. Su amor es poderoso y El es digno de que sintamos un intenso celo de obedecerle y honrarle. El resultado de la motivación apropiada es una profunda y perdurable dedicación a Cristo y a Su causa, en vez de los resultados comunes de la motivación por medio de la culpa: el resentimiento y el deseo de escapar.

Los cristianos somos liberados de la culpa, pero todavía estamos sujetos a la convicción. La Biblia habla frecuentemente de la obra del Espíritu Santo en redargüir a los creyentes de pecado. El dirige y estimula nuestro progreso espiritual, revelando nuestros pecados en contraste con la santidad y la pureza de Cristo.

Aunque el Espíritu Santo redarguye de pecado tanto a los creyentes como a los que no lo son (Juan 16:8), su convicción en los creyentes no es para producir remordimiento. Nuestra posición delante Dios y nuestro valor propio están seguros por la gracia de Dios, y ya no somos culpables. La convicción se refiere a nuestro comportamiento, no a nuestra posición delante de Dios. La convicción es la forma en que el Espíritu Santo muestra el error en nuestro comportamiento a la luz de la norma y la verdad de Dios. Su motivación es amor, corrección y protección.

Mientras la culpa se aplica a los no creyentes, y se origina en Satanás, la convicción es el privilegio de los que creen y la imparte el Espíritu Santo. La culpa trae depresión y desesperanza, pero la convicción nos permite darnos cuenta de la hermosura del perdón de Dios y experimentar Su amor y poder.

Tal vez lo que sigue puede ilustrar mejor los propósitos y los resultados opuestos de la culpa y la convicción:

- **Enfoque básico:** *La culpa* enfoca el estado de estar condenado: "*Yo soy indigno*". *La convicción* se enfoca en el comportamiento: "*Este acto es indigno de Cristo y es destructivo*".
- **Interés Principal:** *La culpa* se ocupa de la pérdida del amor propio de parte del pecador y de su orgullo herido: "*¿Qué pensarán otras personas de mi?*" *La convicción* se ocupa de la perdida de nuestra comunicación continua con Dios: "*Este acto es destructivo para mi e interfiere con mi andar con Dios*".
- **Temor primordial:** *La culpa* produce miedo al castigo: "*Me van a dar mi merecido*". *La convicción* produce un temor a lo destructivo del hecho mismo: "*Este comportamiento es destructivo para mí y para otros, y me roba de lo que Dios tiene destinado para mí*".
- **El agente:** El agente de *la culpa* es Satanás: "... *el dios de esta edad presente ha cegado el entendimiento de los incrédulos, para que no les ilumine el resplandor del evangelio de la gloria de Cristo* (2 Corintios 4:4)". El agente de *la convicción*

es el Espíritu Santo: "... *pero si por el Espíritu hacéis morir las prácticas de la carne, viviréis* (Romanos 8:13)".

- **Resultados en el comportamiento:** *La culpa* conduce a depresión y a más pecado: "*No soy más que un vil, sucio, abominable pecador*"; o a la rebelión: "*No me importa. Voy a hacer lo que me venga en gana*". *La convicción* conduce al arrepentimiento, el volvernos del pecado a Cristo: "*Señor, estoy de acuerdo contigo en que mi pecado es malo y destructivo. ¿Qué quieres que yo haga*?".
- **El resultado interpersonal:** El resultado interpersonal de *la culpa* es la separación, un sentimiento de vergüenza que lo aleja a uno de la persona agraviada: "*Nunca quiero volver a verlo*". El resultado interpersonal de *la convicción* es la restauración, un deseo de remediar el mal hecho a otros: "*Padre, ¿qué quieres que yo haga para remediar este mal y restaurar la relación con la persona que he ofendido*?".
- **Resultados personales:** *La culpa* termina en depresión y lastima de uno mismo: "*Sencillamente no sirvo para nada*". La convicción termina en consuelo, la conciencia del perdón: "¡*Gracias Dios que soy completamente perdonado y totalmente aceptado por Ti, aún cuando mi comportamiento algunas veces falla. Señor, Te confieso mis pecados* (Se especifico en tu lista). *Estoy de acuerdo contigo en que estas cosas están mal y que son destructivas para mi vida. Gracias por Tu gracia y Tu perdón. ¿Hay algo que debo devolver, alguien a quien debo pagar, o alguien a quien debo pedir perdón? Gracias!*".

Es importante recordar que somos justos en Cristo, así como confesar nuestros pecados. Dios no necesita que le recordemos nuestra posición justa en El, pero para nosotros es útil hacerlo. Por lo tanto, necesitamos que la oración arriba mencionada en los resultados personales, sea una experiencia diaria permitiendo que penetre en nuestros pensamientos y corazones. A medida que nos sometemos al suave aguijoneo de la convicción que Dios nos inspira, confesamos nuestros pecados y declaramos nuestra verdadera relación con El, gradualmente seremos formados y moldeados de tal manera que honraremos cada vez más al que murió y resucito por nosotros (2 Corintios 5:15).

Tal vez no experimentaremos gozo y libertad inmediatamente, especialmente si hemos adquirido el hábito doloroso de la autocondenación como una manera de tratar con el pecado. Amigos amorosos que nos escuchan y nos alientan pueden ser un ejemplo del perdón que Dios otorga. A medida que llegamos a ser más sinceros respecto a nuestros sentimientos por medio de estás relaciones de apoyo, podremos experimentar cada vez más la libertad, el perdón y la renovación de la gracia de Dios.

El siguiente ejemplo nos ayuda a comprender como deberíamos enfrentar el fracaso y como deberíamos ayudar a otros. Francisco comentó sobre una profunda y amarga lucha interior que tenia. El estaba considerando la posibilidad de tener relaciones sexuales con otro hombre. Al principio era un pensamiento efímero, pero ahora ese pensamiento gobernaba su mente. Yo le dije que el primer paso era ponerse de acuerdo con Dios acerca de este pensamiento. Aunque él nunca había actuado de acuerdo con su pensamiento, lo que él pensaba estaba mal. Instruí a Francisco, en primera medida, a pedirle a Dios que le mostrara que excusa había usado para pensar de esta manera y que le mostrara cuan destructivo le había sido recibir toda esta condenación.

Cuando nos encontramos de nuevo, él me contó todo lo que Dios le había mostrado. La libertad de Francisco fue ganada cuando acordó con Dios en todo lo que le había venido mostrando. Se dio cuenta de las excusas que había estado utilizando y lo destructivo que la desobediencia había sido en su vida. Igualmente importante, Dios le mostró que aceptar la condenación provenía del mismo lugar que los pensamientos homosexuales. Durante este proceso, Dios también le reveló cuanta amargura tenía por haber sido maltratado por su padre. Fue este maltrato y la lástima que sentía por sí mismo, las que proveyeron las bases para que Francisco sintiera que podía hacer lo que quisiera hacer (o pensar lo que quisiera pensar).

El paso final para Francisco fue pensar en lo mucho que había sido perdonado hasta que la gratitud lo abrumó y él perdonó a su padre. Fue solamente el vivir en la luz del perdón de Dios, lo que hizo a Francisco libre.

LA TRAMPA LEGAL

Existe una relación entre la ley y la naturaleza del pecado que pocos cristianos entienden. De hecho, cuando se cita la primera parte de Romanos 5:20 a muchos cristianos, ellos niegan que ésta sea una parte de las Escrituras: "*Pero la ley se introdujo para que el pecado abundase*". Examinemos lo siguiente:

> *Porque mientras estábamos en la carne, las pasiones pecaminosas que eran por la ley obraban en nuestros miembros llevando fruto para muerte. Pero ahora estamos libres de la ley, por haber muerto para aquella en que estábamos sujetos, de modo que sirvamos bajo el régimen nuevo del Espíritu y no bajo el régimen viejo de la letra. ¿Qué diremos, pues? ¿La ley es pecado? En ninguna manera. Pero yo no conocí el pecado sino por la ley; porque tampoco conociera la codicia, si la ley no dijera: No codiciarás. Mas el pecado, tomando ocasión por el mandamiento, produjo en mí toda codicia; porque sin la ley el pecado está muerto. Y yo sin la ley vivía en un tiempo; pero venido el mandamiento, el pecado revivió y yo morí. Y hallé que el mismo mandamiento que era para vida, a mí me resultó para muerte; porque el pecado, tomando ocasión por el mandamiento, me engañó, y por él me mató. De manera que la ley a la verdad es santa, y el mandamiento santo, justo y bueno.* (Romanos 7:5-12)

> *Cristo nos redimió de la maldición de la ley, hecho por nosotros maldición, porque está escrito: Maldito todo el que es colgado en un madero.* (Gálatas 3:13)

Ley y *pecado* (la naturaleza del pecado), son términos técnicos. Esto significa que no podemos asignar cualquier significado a ellos. Tú debes entenderlos a través de la definición que es dada por el texto. En otras palabras, puede ser que la manera que utilizas los términos en tu hablar diario no sea la manera en que los términos son utilizados por las Escrituras. Por ejemplo, todo el mundo habla de Dios. La Biblia usa la palabra "Dios" para referirse al infinito Dios trino. Así, dos personas usando la misma palabra pueden estar refiriéndose a conceptos opuestos, a menos que se tomen tiempo para definir la palabra "Dios".

Entendiendo esto, el término "pecado" en estos pasajes hace referencia a *la naturaleza pecaminosa.* El mecanismo de la naturaleza pecaminosa opera en motivar al hombre a pecar. La naturaleza pecaminosa no es solamente un concepto teórico. Esta existe de la misma manera en que existe tu corazón. Tratarla de una manera vaga, podría traerte grandes desventajas a la hora de combatirla.

"Ley" es otro término que necesita definirse. Esta palabra generalmente se refiere a la relación entre dos eventos separados. La ley de la gravedad significa que si algo es lanzado en el campo gravitacional de la tierra (evento 1), entonces tiene que caer (evento 2). Las leyes generalmente son escritas en un formato de "si... entonces". Miremos Romanos 8:2: "*Porque la ley del Espíritu de vida en Cristo Jesús me ha librado de la ley del pecado y de la muerte*". Si parafraseamos este versículo en el formato "si... entonces", podría leerse así: "*Si* tú vives por la ley del Espíritu de vida en Cristo Jesús, *entonces* serás librado de la ley del pecado y de la muerte". La ley del pecado es declarada como: "*Si* tu vives en pecado, *entonces* morirás". Vivir en el Espíritu de vida siempre trae liberación de la ley del pecado. Vivir en pecado siempre trae muerte. Son siempre leyes innegables e imposibles de cambiar.

La definición de la ley referida en Romanos 5 y 7, es completada en Gálatas 3:13. Este versículo identifica que existe una maldición asociada con la ley. De esta manera, "si" no llenamos ciertos estándares, "entonces" somos malditos (condenados). La ley en Romanos 5 y 7 debe ser entendida en este formato "si... entonces". Cuando hay fracaso, la ley condena.

El impacto de Romanos 8:1 es que el creyente es liberado de la ley y su inherente condenación. Esto no significa que no tenemos estándares de comportamiento. El pecado es naturalmente destructivo. Lo que sí significa, es que nuestro fracaso por cumplir estos estándares no nos traiga condenación y desprecio.

Ahora que sabes como son utilizadas las palabras *pecado* y *ley*, mira Romanos 5:20 y 7:5, 8, 11-12.

> *Pero la ley se introdujo para que el pecado abundase... Porque mientras estábamos en la carne, las pasiones pecaminosas que eran por la ley obraban en nuestros miembros llevando fruto para muerte... Mas el pecado, tomando ocasión por el mandamiento, produjo en mí toda codicia; porque sin la ley el pecado está muerto... porque el pecado, tomando ocasión por el mandamiento, me engañó, y por él me mató. De manera que la ley a la verdad es santa, y el mandamiento santo, justo y bueno.*

La naturaleza pecaminosa tiene una reacción fuerte cuando se encuentra en la presencia de este tipo de ley. Dios no nos dice porque es esto, solo que es así. La naturaleza pecaminosa siempre reaccionará sin importar que la ley venga de Dios o del hombre. El prerrequisito es que exista un estándar para el comportamiento, que lleve desprecio y condenación si no se le cumple.

El primer gran beneficio de la reacción a la ley por parte de nuestra naturaleza pecaminosa, es que nos hace más fácil reconocer la condición depravada de nuestra naturaleza sin Dios. Ya éramos condenados, "*por cuanto todos pecaron*", pero Dios, sabiendo que el hombre no era capaz de darse cuenta de su necesidad desesperada de Jesús, al menos que esté expuesto a la realidad de su depravación, introdujo la ley. Y entonces la naturaleza pecaminosa produjo todo tipo de pecados, mostrándonos claramente nuestra necesidad de tener un Salvador.

Como sea, la ley no fue dada solo para llevarnos a Jesús. Recuerda, Dios determinó que no tendrías éxito en ganar valor propio a través de tu comportamiento. Tu éxito para alcanzar valor propio así podría limitar tu aceptación de Su plan. La ley asegura que no ganarás si tratas de vivir así.

Tú no puedes experimentar la muerte a la ley, si crees que todavía formas parte del plan de Adán. El plan de Adán asegura tu condenación cuando fracasas. Aunque como nueva criatura, has sido liberado de la ley y su inherente condenación, si no te basas en la verdad de quien eres ahora en Cristo, tu actuarás y tu naturaleza de pecado responderá justo como si fueras una persona perdida. Tu naturaleza pecaminosa seguirá siendo provocada por la ley, asegurando tu fracaso. Como el perro de Pavlov, cuando nuestra naturaleza de pecado encuentra la ley, ésta responde. El fracaso está en tu futuro. A través de la ley, esto está asegurado.

Capitulo 13

EL VIAJE HACIA ADENTRO

En este punto te preguntaras, "¿Bueno, y ahora qué hago? Soy consciente que he caído en las mentiras de Satanás. Reconozco que me vida ha sido afectada por las cuatro creencias falsas. Pero así he vivido toda mi vida. ¿Existe alguna esperanza de ser libre de los patrones de conducta que he tenido por tanto tiempo?" Inclusive podrás darte cuenta ahora que has utilizando las cuatro creencias falsas en tu vida numerosas veces. De hecho hasta podrás sentir frustración tratando de entender como podrás funcionar pensando de manera diferente.

Para lograr corregir tu proceso de pensamiento, sería inútil si no cooperas con Dios para permitir la liberación de Su poder en tu mente. "*No os conforméis a este siglo, sino transformaos por medio de la renovación de vuestro entendimiento, para que comprobéis cuál sea la buena voluntad de Dios, agradable y perfecta*" (Romanos 12:2).

"*Renovar tu entendimiento*". Pero, ¿cómo haces esto? Es más que hablarte a ti mismo. Es más que repetir algunas palabras una y otra vez. Es, realmente, cambiando algunos de nuestros patrones de pensamiento por los cuales hemos vivido durante toda nuestra vida. Si esto va a ocurrir, debemos:

- Estar de acuerdo con Dios en que hemos sido engañados
- Estar de acuerdo con Dios en que hemos estado viviendo una mentira y que necesitamos arrepentirnos por haber hecho eso.
- Dejar que Dios nos muestre cuan destructiva ha sido esa mentira en nuestras vidas.
- Optar por rechazar la mentira que hemos creído y comprometernos con nosotros mismos a creer en lo que Dios dice que es la verdad.
- Estar dispuestos a mantenernos firmes en la verdad que Dios nos revela acerca de nosotros mismos en lugar de vivir según nuestras reacciones normales.

Dios nos ha dado un detector sobrenatural de la decepción, el Espíritu Santo, quien quiere llevarnos a la verdad. Sin embargo, además de habernos dado este detector sobrenatural de la decepción, nos ha dado también nuestras emociones. Nuestras emociones negativas funcionan de una manera parecida al mecanismo que tiene el cuerpo para producir fiebre. Cuando tú tienes una infección, tu organismo incrementa la temperatura del cuerpo. Uno de los usos de este mecanismo, es alertarte de que estás enfermo. Nunca tomaríamos medicamentos que eliminaran la ocurrencia de este proceso, ya que podríamos enfermar gravemente sin saber que estaba pasando. Sin embargo, muchos tratamos de evitar cualquier sentimiento negativo, buscando refugio en el alcohol, las drogas, o alguna forma de actividad que nos mantenga activos y alejados de pensar en lo que nos está molestando.

La Rueda de los Sentimientos, que se muestra a continuación, es una herramienta visual diseñada para ayudar a la gente a reconocer e identificar sus propios sentimientos.

Cuando se le pide a una persona describir como se siente, normalmente encuentra difícil identificar específicamente lo realmente siente. Las respuestas tienden a ser algo como:

- Me siento bien
- Me siento mal
- Me siento mejor
- Me siento peor
- Estoy bien

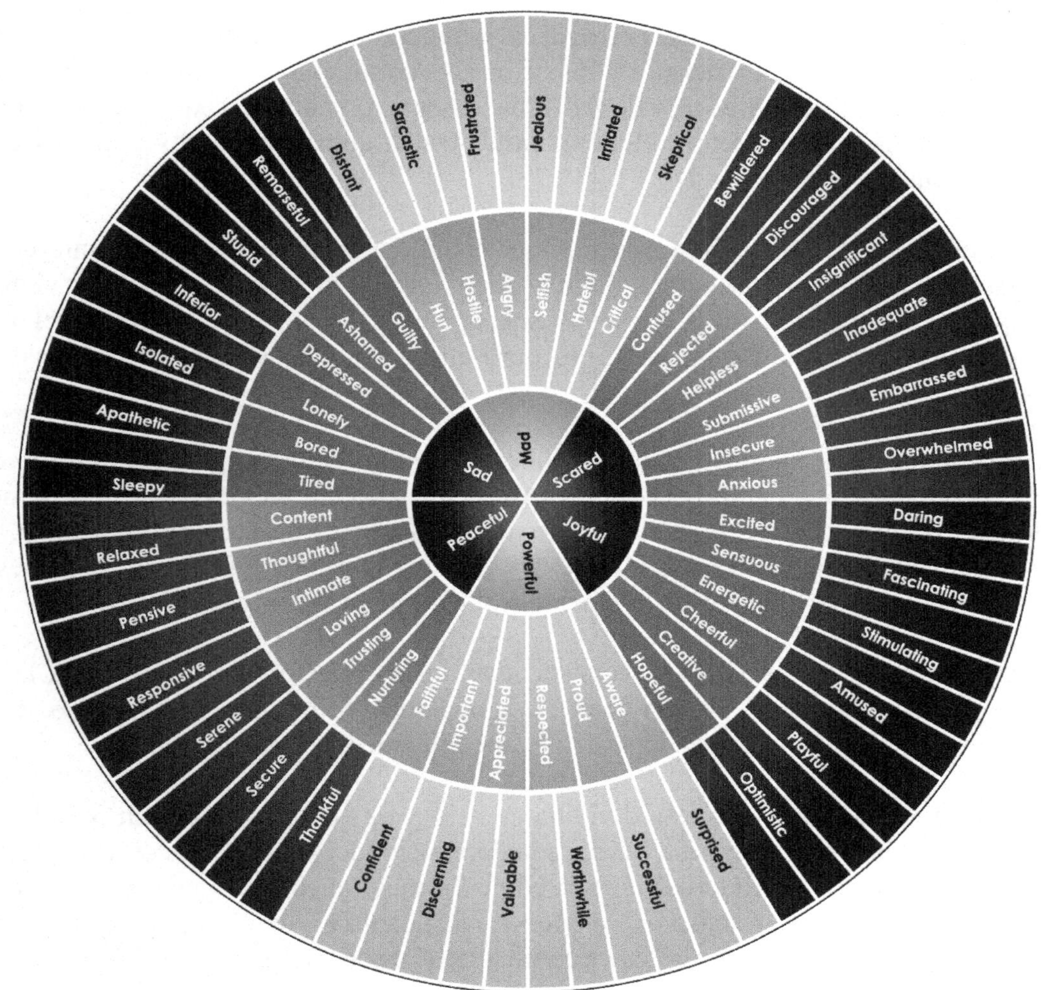

Recuerdo a una mujer que asistió a un retiro para obtener ayuda porque alcanzó un punto en su vida donde sentía que no tenía esperanza. Decidió que este retiro era su última oportunidad para obtener ayuda. Si esto no funcionaba, ella iba a suicidarse. Aparentemente ella había crecido en una familia que abusó de ella física y verbalmente. Ella fue enseñada a que no era permitido hablar sobre lo que sentía. Ella tuvo que guardarse sus sentimientos porque nunca le fue permitido expresarlos. La barrera más grande en el retiro fue que ella no pudo relatar cómo se sentía porque sus problemas eran de una profunda naturaleza, oculta y devastadora. Ella hacia declaraciones como "Estoy bien", "Todo está bien".

Cada ejercicio debía ayudar a las personas a ser honestas acerca de lo que las había herido. Ella estaba asustada porque creía que al expresar lo que sentía, empezaría a sentir dolor por lo que había vivido en el pasado. Ella decía: "Es muy doloroso pensar acerca de los sentimientos que llevo por dentro".

Afortunadamente, Dios tenía puesta su mano sobre ella. Mediante la Rueda de los Sentimientos, ella fue capaz de empezar a entender como sentía por dentro. Otras personas en el grupo comenzaron a compartir sus sentimientos y esto la motivó a ella. Pronto fue capaz de pensar acerca de las situaciones que habían creado los sentimientos que ella tenía. Al final del retiro, ella experimentó una gran liberación y pudo ser capaz de expresar sus sentimientos.

Como resultado de la liberación que recibió, ella fue capaz de seguir adelante con su vida. Una de las declaraciones que ella hizo fue: "Esta es la primera vez en mi vida que soy capaz de hablar con otras personas sobre lo que siento". Ella terminó el retiro sabiendo que Dios había hecho una gran obra en su vida. El suicidio no era más una opción.

La Rueda de los Sentimientos nos permite identificar más caminos para comunicar como sentimos por dentro. La habilidad para identificar nuestras emociones es extremadamente importante. El no poder hacer esto puede resultar una barrera en nuestras relaciones. Una relación cercana con alguien es casi imposible si no somos capaces de expresar nuestros sentimientos. Primero identifica tus emociones, luego habla sobre ellas.

Toda intimidad en las relaciones viene de comunicar nuestros sentimientos a la otra persona. Cuando la gente ve una lista de emociones como las de la Rueda de los Sentimientos, pronto van a poder identificar específicamente como se sienten.

La Rueda de los Sentimientos está dividida en seis partes como si fuera un pastel. Cada parte tiene una raíz, tal como tristeza, ira, miedo, paz, poder o gozo. Las otras emociones nacen de estas raíces. Es interesante ver como la mayoría de las personas dice que a menudo sienten la ira, tristeza y miedo. Identifican la paz, gozo y poder, como sentimientos que les gustaría tener. Ira, tristeza y miedo dominan la manera en que muchos sienten durante sus vidas.

Cuando las personas logran expresar sus sentimientos a través de palabras especificas, puede que se sorprendan. Identificar sus emociones parece traerles libertad para seguir adelante en el ejercicio llamado "El Viaje Hacia Adentro".

EMPEZANDO EL VIAJE

Si por ejemplo le preguntas a alguien porque está enfadado, esta persona te respondería sobre algo que *le ha sucedido* en su vida. De esta manera, parece que muchos creen equivocadamente que las emociones son el resultado directo de las situaciones o las circunstancias.

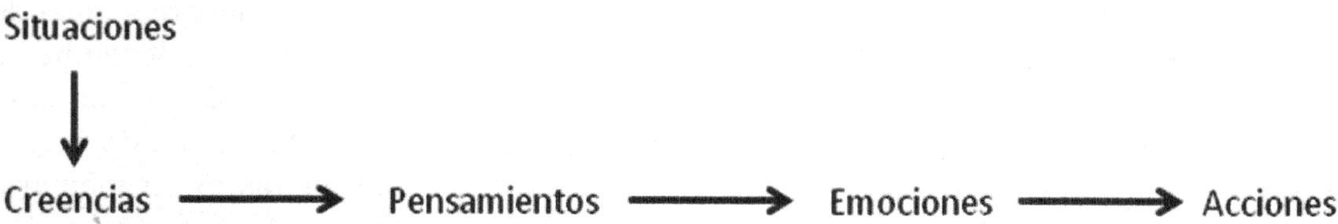

La realidad es que percibimos las situaciones basados en nuestras creencias.

María va a una fiesta y encuentra una actitud de rechazo y frialdad en la gente. Bernardo va a la misma fiesta y encuentra una actitud amable y amigable en la gente. María ha experimentado mucho rechazo en su vida y ha pasado mucho tiempo pensando acerca de todo el rechazo que ha experimentado. Ella ha interiorizado este rechazo a tal punto que recibe mensajes de rechazo aunque estos no existan. Bernardo, por otra parte, no ha tenido este tipo de experiencias así que responde a los mensajes de aceptación que encuentra en esa fiesta.

El primer paso hacia la libertad es reconocer que nuestra experiencia de la vida está distorsionada por nuestras expectativas de lo que vamos a experimentar.

Sin embargo, digamos que María y Bernardo conocen a alguien que es crítico y que humilla a todas las personas. María se encuentra con esta persona y se siente muy mal de ella misma. Esta reunión desencadena todos los mensajes negativos que ella lleva por dentro. Bernardo conoce a la misma persona y se aleja pensando: "Que persona más miserable y amargada. ¿Me pregunto qué le pasará?". María se pregunta qué estará mal en ella, Bernardo se pregunta qué estará mal en esa persona. ¿Cuál es la diferencia? Que la situación (conocer a esta persona amargada y humillante) desencadenó en la mente de María creencias acerca de su poco valor como persona, que ella debería ser rechazada y que ella solo tiene valor si todas las demás personas la valoran.

Entonces, ¿de dónde provienen las *emociones* destructivas? Respuesta: De *pensamientos* destructivos. ¿Qué desencadena pensamientos destructivos? Respuesta: *Creencias* falsas. ¿Cómo son estimuladas las creencias falas? Respuesta: Por las *situaciones* de nuestra vida.

¿Podemos controlar las situaciones de nuestra vida de tal manera que no se conviertan en desencadenadoras de las falsas creencias? Algunas veces lo intentamos, pero obviamente eso no puede ser realizado. Por consiguiente, tenemos una gran necesidad de destruir las creencias falsas y reemplazarlas con la verdad que Dios nos ha revelado.

Podemos llamar este proceso, el Viaje Hacia Adentro. Algunas veces, si tenemos alguna enfermedad física, nos sometemos a algún tipo de exámenes que pueda buscar lo que está mal. El Viaje Hacia Adentro nos permite hacer un proceso similar para buscar esas falsas creencias.

Antes de examinar la mecánica del proceso del Viaje Hacia Adentro, deberías entender que lo puedes hacer en uno de dos niveles. Puedes tratar de alcanzar esto dependiendo solamente de tu mente natural, o puedes buscar la guía de Dios a través del proceso. Hacer el Viaje Hacia Adentro sin la ayuda de Dios puede llevarte a ataques de depresión, de los que saldrás con información interesante. Sin embargo, no podrás experimentar el poder de Dios en este proceso. Si es Dios quien abre un área en tu vida, ten la seguridad que El está listo para curar esa área. Si llevas el proceso sin la ayuda de Dios, dependiendo solo en lo que puedes lograr a través de la meditación y la introspección, entonces Dios podría o no podría intervenir en un proceso que El no empezó.

EL VIAJE HACIA ADENTRO

	La situación			
Fase uno: Esclavitud. Examina las emociones para identificar creencias falsas y pensamientos destructivos.	Creencias falsas →	Pensamientos destructivos →	Emociones destructivas →	Comportamiento destructivo
Fase dos: Obediencia. Identificar falsas creencias; conocimiento de pensamientos y comportamientos destructivos.	Confesión de las creencias falsas y pensamientos y comportamientos destructivos →	→	→	Arrepentimiento y obediencia
Fase tres: Libertad. Reemplaza falsas creencias con la Verdad de Dios.	Verdad de Dios →	Pensamientos saludables →	Emociones saludables →	Comportamiento saludable →

FASE UNO: ESCLAVITUD

Ya nos hemos referido a la manera en que las situaciones desencadenan falsas creencias. En estas situaciones siempre existen personas a las que culpamos por nuestras emociones. Normalmente pensamos: "Me siento así por culpa de Juan". Nos enojamos con Juan tanto por lo que él hizo, como por nuestra propia reacción.

La próxima vez que te sientas desilusionado y culpes a alguien por tu reacción, piensa en un tubo de pasta de dientes. Esta mañana tú presionaste el tubo de pasta de dientes y salió la crema dental. La razón por la cual sale la crema de dientes, es porque eso es lo que contiene el tubo. Alguien te ha presionado alguna vez y lo que ha salido de ti quizás ha sido respuestas de las que te avergüenzas. Tu culpas a otros por tus reacciones, pero debes entender que lo que sale de ti es lo hay en ti. Algunas veces Dios nos permite vivir circunstancias difíciles para que podamos ver lo que llevamos dentro de nosotros.

Cuando Sandra empezó a describir sus sentimientos acerca de Dios, de repente corrientes de blasfemias salieron de su boca. Ella misma estaba sorprendida de oír esta ira y amargura que salía de ella. Ahora estaba cara a cara con un asunto sobre el cual Dios quería tratar. Dios no estaba asombrado por lo que acababa de oír. El odio y la amargura estaban destruyendo su vida, incluso antes de que ella expresara sus sentimientos.

PENSAMIENTOS DESTRUCTIVOS

Los pensamientos pueden ser engañosos. Un pensamiento puede sonar inofensivo, pero al mismo tiempo traer otro pensamiento que cuando lo entendemos, es la razón obvia de las emociones destructivas. El lema de Rodrigo era: "No trabajes duro solamente, trabaja inteligentemente". Esto es obviamente un lema razonable para vivir. Rodrigo había oído esto toda su vida. Sin embargo, el significado real para él era: "Tienes que ser mejor que los demás, o serás inútil". Esta creencia y pensamiento destructivos, venían asociados con el lema inofensivo a través de lo que su padre le había enseñado. No fue sino hasta que Dios le relevó qué había detrás de estas simples palabras, que él pudo hacer algo acerca de estos pensamientos destructivos.

Algunas veces los pensamientos destructivos simplemente no son lógicos. Pero seguimos viviendo por ellos. Juanita nació en una familia de mucho dinero, y sintió que era una absoluta fracasada porque tenía un trabajo. Olvidando el hecho que era una joven mujer soltera, todavía tenía un abrumador sentido de fracaso cada día cuando iba al trabajo. Su consejero sugirió durante una sesión, llamar a su esposa quien trabajaba en una compañía de mercadeo. El dijo: "Juanita, por qué no llamamos a mi esposa y le dices lo fracasada que es por ir a trabajar hoy". Por supuesto, Juanita se horrorizó al pensar en esto, pero la luz se encendió dentro de ella al reconocer lo irracional que era su sentido de fracaso. Sin embargo, este reconocimiento no cambió sus emociones inmediatamente. Como lo veremos pronto, el reconocimiento debe ser seguido por otra acción.

COMPORTAMIENTO DESTRUCTIVO

El comportamiento destructivo toma la forma, ya sea de comportamientos externos (lo que puedes ver), o comportamientos internos (la actividad de pensar). Normalmente nos preocupamos más por los comportamientos externos aunque estos siempre vienen como resultado de los comportamientos internos.

Susana y Jaime, los dos casados con personas diferentes, por muchos meses pensaban en tener relaciones sexuales, hasta que un día se encontraron siendo infieles a sus cónyuges en un cuarto de un motel.

Jorge pensó durante mucho tiempo lo injusta que era la compañía para la que trabajaba, antes de un día falsificar su reporte de gastos.

Piensa acerca de tu propia vida. ¿Cuántas veces has pensado en las justificaciones para hacer algo, antes de realmente hacerlo?

El comportamiento puede ser algo obviamente malo, como lo es serle infiel a tu cónyuge, o puede ser algo que parezca inocente e inofensivo. Muchos años atrás viví en una ciudad que estaba enloquecida por el béisbol. Las ligas de béisbol jugaban hasta pasada la media noche. Algunos de los hombres jugaban en varias ligas. Jugar béisbol no es necesariamente destructivo, pero jugar como pretexto para no tener que pasar tiempo en casa con la familia si lo es. Debemos tener mucho cuidado en como justificamos acciones que por encima aparentemente pueden verse inofensivas, pero en realidad no lo son.

FASE DOS: OBEDIENCIA

Si tenemos la perspectiva correcta acerca de lo que es la obediencia, vamos a aprovechar al máximo la oportunidad de madurar cuando seamos confrontados con la decisión de seguir creyendo las antiguas creencias falsas o mantenernos firmes en lo que Dios nos ha revelado.

Sara trabajaba para un verdadero tirano. El disfrutaba haciéndola pasar por tiempos difíciles. Si ella cometía el más mínimo error, él hacia un gran escándalo. Ella quería irse. Toda su vida ella había sufrido del temor al fracaso y al rechazo, y él estaba haciendo su vida miserable. Yo le sugerí una perspectiva diferente. Su jefe podría ser un factor positivo para ella en el proceso de escaparse de la trampa de evaluarse a sí misma sobre la base de las opiniones de otros.

Organizamos un plan en cual ella pudiera empezar a usar estas explosiones de su jefe, para identificar los mensajes en los que ella había creído toda su vida. Estos mensajes eran los asociados a juzgarse a sí misma sobre la base de su comportamiento y los pensamientos de los demás acerca de ella.

Al principio Sara no quería hacer esto, pero pronto empezó a utilizar bien las fases de El Viaje Hacia Adentro. Pronto perdió su miedo a su jefe y este se dio cuenta que no obtenía como antes las respuestas que deseaba de ella. Meses después, ella recibió una mejor oferta de trabajo y pudo seguir adelante. Sara siempre recordará a su anterior jefe como un instrumento utilizado para ayudarla a identificar las creencias falsas que habían manejado su vida.

Puede parecer extraño para ti que pudiéramos hablar acerca de confesar y arrepentirse por haber sido engañados. Confesar significa que nos ponemos de acuerdo con Dios en lo que El dice que es correcto. De esta manera, Dios quería que Sara se pusiera de acuerdo con El en que ella estaba creyendo mentiras acerca de si misma. Para que su confesión fuera completa, ella debía reconocer lo destructivo que eran estas creencias falsas en su vida. Ella pidió al Padre Dios que le mostrara esto y El lo hizo. Arrepentimiento significa que debemos dejar de depender de estas falsas creencias y empezar a creer en lo que Dios dice que es la verdad.

Aparte de estar de acuerdo con Dios acerca de lo destructivo que son las creencias falsas, los pensamientos destructivos y el comportamiento destructivo, también fue necesario para Sara perdonar a su jefe (muchas veces). Si ella no lo hubiera perdonado, le hubiera sido imposible vivir en la luz de su propio perdón y de su nueva identidad en Cristo.

FASE TRES: LIBERTAD

Tratar de rechazar las creencias falsas sin reemplazarlas por la Verdad de Dios es imposible. Hemos tenido las creencias falsas durante tanto tiempo en nuestras vidas, que nos parecen normales. Si enfrentamos las situaciones de la vida de una manera pasiva, estas situaciones siempre nos dominarán. De esta manera, nuestro modelo debe ser identificar, confesar, rechazar y luego reemplazar.

Utilizando el ejemplo de Sara, podría ser algo así:

Situación: *El jefe de Sara le tira una carta que ella había hecho porque le encontró algunos errores. El le dice que no puede entender como no se dio cuenta de esos errores y se extraña en voz alta de su inteligencia, echándola de menos.*

Respuesta de Sara: *Sara reconoce el nudo en su estomago y el sentimiento de miedo y terror. Inmediatamente empieza a hablar con Dios en silencio acerca de lo que está sintiendo. Sara le pide sabiduría y que le muestre la creencia falsa y mensajes viejos que están desencadenándose. Mientras ella levanta la hoja de papel y ve lo que su jefe le estaba reclamando, ella empieza a recordar que así fue como se sintió una vez cuando le quebró a su madre uno de sus platos favoritos. Ella además reconoce que usa ese sentimiento de regaño para condenarse a sí misma aún cuando nadie más, aparte de ella, sabe que ha fracasado en algo. Ella hace una nota de estos recuerdos y luego vuelve a escribir la carta.*

Fase de la Obediencia: *En su próximo descanso, Sara le pide al Espíritu Santo que le revele como estas falsas creencias y mensajes destructivos la han afectado. Aunque triste por la manera en que su vida ha sido impactada por lo falso, ella continúa dejando a*

Dios que le muestre lo mucho que ha perdido por creer una mentira. El proceso continua por casi todo el día.

Ese noche, Sara hace un recuento de lo que cree que la ha sido revelado por Dios. Se pone de acuerdo con Dios en que ella ha basado su vida en una mentira, en esa área específica. Ella medita en lo mucho que ha sido perdonada y lo mucho que Cristo pagó en la cruz para que ella pudiera vivir ese perdón. Con el sentido de agradecimiento de su propio perdón, Sara perdona a su jefe y a su madre.

"Y ellos le han vencido por medio de la sangre del Cordero y de la palabra del testimonio de ellos, y menospreciaron sus vidas hasta la muerte" (Apocalipsis 12:11). Basada en esta escritura, Sara declara que ella ha sido comprada por la sangre de Cristo y que Su Salvación le provee una nueva vida, y que ella ha sido completamente aceptada por Dios. Ella declara que rechaza la falsa creencia que ha venido operando en su vida. Después, Sara agradece a Dios por ser tan bueno y cuidadoso en hacerle una ruta de escape a estos patrones de pensamientos.

Sara hizo lo anterior muchas veces. De hecho, ella empezó a ver a su jefe como una herramienta valiosa que Dios estaba utilizando para liberarla a ella. No quiere decir que nunca más volverá a sentir temor al fracaso o al rechazo, pero ahora es capaz de reconocer cuando deja que estos temores influyan en su vida y por qué.

EN CONCLUSION

El Padre está ocupado en nuestras vidas, aún cuando somos inconscientes de esto. El quiere que encontremos libertad en esta vida. El ha resuelto que tengamos la oportunidad de vivir esa libertad. A pesar de que a este lado del cielo nunca vayamos a experimentar una libertad absoluta, si tenemos la voluntad de cooperar con Su plan, podemos experimentar mucho más de lo que nos hemos imaginado.

Esto es un proceso. Solo ocurrirá a medida que tenemos el deseo de ir a un nivel más profundo en nuestra relación con Dios. Van a haber muchos problemas y fracasos durante el camino. Sin embargo, el Padre nunca se cansa de estar con nosotros para llevarnos a la victoria. La única pregunta es: ¿Queremos ir con El?

Made in the USA
Monee, IL
08 April 2020

24632853R00063